JN161154

# 『感覚文明』の始まり

久留米大学特命教授
永野芳宣

財界研究所

# はしがき

先ずはじめに、本書は次の3点が主題であることを述べておきます。

第1に、これからの時代を「情報化社会」から進化した新たな「感覚文明社会」と捉え、同時に「日本文化」が「感覚文明時代」の主役だという点に、日本人はしっかり気付く必要があること。

第2に、日本という国の地勢と歴史が創った文化は、日本人の特殊な「12の感覚」、すなわち「突然事故対応の本能的6つのS（センス）感覚」と、「モンスーンの四季の変化対応の理性的6つのF（フィーリング）感覚」とを総合したものであり、それこそが《おもてなし》の基本であること。

第3に、その《おもてなし》の基盤（ファンデーション）の「電気」が、IoTやAIが支配するネット時代には極めて重要である。超高度化した「機械」が支配するネット時代の全ては、「電気」が命《いのち》。その重要性とこの国の特殊性を、日本国民は改めて再認識することを忘れてはならないこと。

私たちは、すでに新しい文明の中にいるのではないでしょうか。

IoTやAIを使い、生活も仕事もセンスやフィーリング、すなわち「感覚」で判断しています。もちろんその土台（ファンデーション）は《電気（ｋＷｈ）》です。

何故なら、ＩｏＴやＡＩは全て機械であり、電気がないと動きません。だから、これからも益々、ずっと《電気（ｋＷｈ）》を空気を吸うようにして生きていく時代です。この新たな文明の時代を、私は「感覚的社会」と呼ぶことにしました。

今から47年前、『情報化社会』（インフォメーション・ソサエティー）という本を、社会学者の林雄二郎氏が著しました。これがきっかけで、この日本に「情報化社会」という言葉が登場し、今日まで持てはやされてきました。私たちは、ずっとそうした世の中を経験してきたわけです。

私たちは、成熟社会という池の中で、情報化の渦の中に巻き込まれたままです。しかし、今やそこからどういう方向に進もうかと、もがいております。もがきながら、池の外をふと見回して見ました。

すると、どうだったでしょうか。何とみんなが、周りを見ないで手許だけを懸命に見詰めておりました。どうしたのでしょうか。言うまでもなく、インターネットを頼りにして、パソコンやスマホを真剣に覗き込み、頻りに色合いが良いとか悪いとか言って、結局指先でネット上の動画を見て、品物を注文したりしております。

こうして、世の中が全てを感覚的に判断する、という状況に激変していたのです。情報化社会が、「感覚的社会」（センス&フィーリング・ソサエティー）という新しい文明になっていたのに、初めて気付いたということでした。

少なくとも、私はこういう新たな文明社会への挑発が、今始まっていると考えております。

卑近な例を挙げれば、世界中で、《感覚的》に訴える日本の「マンガ」「アニメ」が、今大人気だそうです。また、世界が注目したアメリカの大統領選挙でさえ、テレビ討論そして全てはネットを見て、正に「感覚」で誰が大統領に相応しいかを判断しました。また、12月4日イタリアのレンツィ首相が、政治生命を懸けて国民に問うた投票は、立派な国家再建の憲法改正だといわれていたにも拘らず、「感覚的」なポピュリズム（大衆迎合主義）のうねりに呑み込まれて、否決され首相は退陣しました。

「センス」が良いとか、「フィーリング」が悪いというような言葉が、世の中を駆け巡っております。

しかし、多くの方々の認識は、「それは単なる現象的なこと。政治や行政や、教育や更にビジネスにとっては、今や寧ろ「4・0」がいよいよ本格化して来たということの方が重要だ」と言われるでしょう。

すなわち、「4・0」というのは、インターネットによるIoT（モノのインターネット）とAI（人工知能）とを活用した21世紀型産業革命が、国境を超えて結び付く（中には、もう一つIoS（サービスのインターネット）を加える見方もあります）。そうしたことの、本格的な標準化乃至モジュール化が、欧米で進行中だから、日本も乗り遅れてはならないということです。

こうした認識が、急速に高まって来ました。今や、政・産・学・官が、こぞって走り出した感じさえします。そう考えると、このところやたらとわが国の企業も海外の同業者との統合や、上流から下流までの強弱部門をお互いに補強し合うような重合連合化などが、毎日のように報道され出しました。まさに、「4・0」の本格進行状態といったところです。

然しそっと立ち止まって、私は崖の上によじ登って見ました。何が、眼下に見えたか！正にみんなが、IoTとかIoSと言う「インターネット上の数字や絵など」を、懸命に覗き込み働いている姿が見えたのです。

何と！それこそ「感覚的社会」の姿、そのものでした。

ところで、「５・０」と称する新たな話題が、今年のダボス会議で議論し始められたといいます。この話は、今年一月二十八日の亀崎英敏、飯島彰己、加留部淳各氏との横浜四人会で、飯島氏から初めて聞きました。さらに三月三日宮崎での日本経団連と九州経団連との会合の折、中西宏明・日立製作所会長に質問したところ、「実は、５・０というのは、自分がダボスで話をしたんですよ」ということでした。これはとても重要なことだと思い、この数か月間「５・０」と言われている、その仕組みを研究し深く思索してきました。

出てきた私の結論が、先ほど「崖の上によじ登って見えた下界の姿」でした。新たな文明時代への挑発が、地球上を覆いはじめているという認識です。

「感覚的社会」（センス＆フィーリング・ソサエティー）の登場です。それが、いわば「５・０」かも知れません。「スマートシティ」のことだという人もおりますが、単なる都市化のような話ではないと思います。

すなわち、バーチャルなネット空間の「情報」が劇場的に動き、リアルな社会が瞬間的かつ爆発的に変化するような現象が、日々生じております。その日常的になった膨大な「情報」が、ＩｏＴ或はＩｏＳによって一瞬にして処理され、ネットで「一本の真実らしき結果」を即座に提供してくれます。

するとリーダー的な人間は、「その結果」を更に、瞬時に身内を守る正義の感情におき換えて、訴え続けようとします。正しいかどうか、それを検証する時間は与えられず、しかしそれが「新たな支配的情報」となって世界中を駆け巡り、遂には正に地球全体を揺さぶるような事件になり、とうとうそれが総体的なコンセンサスとなって、出現しつつある、というようなことではないかなと思います。

ちょっと、説明が長くなりましたが、これが今までとは全く異なる、「感覚的社会」という姿だと私は考えました。

この数十年間の、技術技能の進化と世の中の変化は、このように物凄いものがあります。だが、待ってください。それに、驚いている暇はありません。

更に驚くのは、昔はあれほど外国人が日本の街々を歩いているのを見かけたりすると、殆どの日本人は目を背けたりしました。ところが、今やインバウンドと称してどんどん外国から観光客が来てもらわないと困る。それが、国家戦略だという時代になったのです。

この大変化に、これまた驚いている暇はないのです。先ほど述べましたように、「4・0」すなわち第4次産業革命というグローバルな競争基盤の標準化をするため、今や全く躊躇なく海外のライバル企業とベンチャー的統合などを行うようになってきております。

　なにしろ、九州では「観光がこれからの基幹産業だ」（石原進九州観光推進機構会長）と言うのですから、わが国の産業構造の大転換だといえます。しかも、この現象はわが国が勝手に創り出したものではありません。

「日本は《おもてなし》の国」だというキャッチフレーズがあるくらい、とても良い所でクールな国だということになってきているのです。

　これを踏まえて政府は、何としてもこの観光を軸に、わが国の経済成長を主導して行こうと言う方針を作りました。6年前の2010年に861万人だった訪日外国人の数は、昨年（2015）年には2・3倍の1974万人に増えました。更にこれを2020年には4000万人、2030年すなわち15年後には、6000万人に増やすという新たな方針を策定し発表しました。

　何と、現在の3倍以上、15年後の日本の人口は約1億1千万人ですから、年間6千万人の観光客はすなわち毎月500万人ということに成ります。現在の外国人観光客は、毎月160万人程度。日本人観光客1500万人に対し1割、すなわち10人に1人は外国人という勘定です。

ところが大雑把に言って、15年後には10人の観光客のうち、3人ないし4人は外国からの人達という状況になっているということです。極端な表現をすれば、日本の街を歩いている人が10人いるとすれば、地元の人が4人、日本人観光客が3～4人、外国人観光客が少なくとも2～3人、という時代が間違いなくやってくるということです。

こうなった時、ネット上の「感覚」で日常の暮らしを判断する状態は、一層進んでいると思わなくてはなりません。

ネットだけでなく、全てが「感覚的」に動く世の中ですから、今映像や映画の世界で正に、その国その地域の伝統文化を伝えるような作品が、大変な好評を得ております。最近のアメリカ映画では、「黄金のアデーレ」「ブリッジ・オブ・スパイ」「ハドソン川の奇跡」などが挙げられます。

ところが、日本映画でも2017年5月に封切られる「たたら侍」が、16年の9月第40回モントリオール世界映画祭のワールドコンペティション最優秀芸術賞を受賞しました。その映画監督・脚本家の錦織良成氏と懇談する機会がありました。

私が、「世の中が全て感覚的に進められる時代であり、よって日本にやって来る海外からの観光客の目線は、単に買い物だけではなく、寧ろ『日本の文化や伝統的な良さ』を知りたいとか学びたいということが、きっとあると思う。だから、『おもてなし』や『クールジャパン』の発想も、単にインバウンドで呼び寄せて稼ぐという発想ではなく、頭を切り替えて、もっと堂々と日本的な組織社会の伝統や、そこから出て来る義理人情とか、正義とは何かとかをもっと積極的に発信すべきではないかと思うがどうか」と意見を聞きました。私が質問する前に、既に九州経済連合会会長の麻生 泰氏も同じような意見を述べていました。

すると、錦織監督は「全く同感だ。これからは、感覚に訴える『映画』の世界ももっと活用して、日本の伝統文化を世界に発信すべきだ。私が創った『たたら侍』も正に、そういう観点で評価されたと思う」と、言うまでもなく賛成だということを、頻りに述べておりました。

さて、こういう世の中で最も重要な着眼点は何でしょうか……私どもは、この際次の2つのことを是非とも自覚し、この日本という国について、大勢やって来る観光客を含めて、「なぜ《おもてなし》の国と呼ばれるのか」を再認識した上、来て見て「良かった。もう一度行って見よう」と、思ってもらえるように日本人全員が努力しなければなりません。

その1つは、日本という国が世界で唯一稀に見る自然の2つの悪条件《「モンスーンという四季の変動」と、「地殻変動を繰り返す火山列島」》を、克服した国であることです。長い日本人の苦闘の歴史の中で、もちろん海外から多くを学びました。

その結果、緑豊かな自然の風景を確保しながら、世界の人々に好まれる「旨味」のある食材を創作し、更に最も高度な原子力発電と再生可能エネルギーを持続的に創造していることです。また、原子力の平和利用は、重粒子や陽子などを活用した医療技術や、更に宇宙空間の探査技術などに積極的に活用されております。

このことを、私たちは自覚して、訪日する外国人にしっかりと伝えなければなりません。

その2は、こうしたことがなぜ可能になったのかという、その基本的な要因を私たちは、確実に記憶しておくことが必要だということです。日本人は、本書で説明する、上述のような誠に特異な「地勢」の中を生き抜くために「6つのS感覚（センス）」と「6つのF感覚（フィーリング）」、すなわち6＋6と云う12の特殊な感覚を備えるべく、遺伝子に組み込まれてきました。「6つのS感覚」は、突然発生する地震災害等の「動物的野生的」な非対称性の感覚です。また「6つのF感覚」は、モンスーンの定期的四季の変動に対応しようとする「人間的理性的」な対称性の感覚です。何故「12」なのか……私たちは、「よく承知すること」を「十二分に分かりました」といいます。「12」の感覚は、この「十二分」から来ていると私は解釈しております。

このことは、本書で初めて明らかにすることですが、こうした特殊な遺伝的な機能を持っていること、すなわち「感覚的社会」を生き抜く知恵を私たち日本人は、天から授かっているという自覚が必要です。

このように、私たちはこの変化の激しい、しかもますますグローバル化して行く世の中で生き抜く力を備えているのです。しかし、みんながこうした原点を忘れてしまっております。それは、日本という国の存在が忘れられることに繋がるのです。

要するに、「『6・6』の特殊な感覚を持つ日本人自身こそが、『感覚的社会』の《主役》」であるということを、しっかりと認識する必要があるのです。

その上で明確なのは、主役の日本人が活動する場は、益々世界です。然し彼らは、あくまでこの特異な日本列島で鍛えられなければなりません。そこには揺るぎない土台が、絶対に必要です。ＩｏＴ、ＩｏＳ、ＡＩは全て「機械」であり、《電気（ｋＷｈ）》という安定的な「土台（ファンデーション）」がなければ成り立ちません。このインターネットが中心のこれからの「土台」には、言うまでもなく、そのエネルギーとして安定的な《電気》がなくては成り立ちません。

この国の特殊な地勢に導かれた文明文化と伝統、そして日本人のそれを自覚しながら生きて行かねばならない、これからの責任と義務。こうしたことを、事件や事故のショックで遂忘れてしまって、またも「蛸壺」に閉じ籠もっているわけにはいかないのです。

正に、国民全体が自覚しなければならない時代になっていることを、改めて痛感している次第です。

平成28年（２０１６）12月吉日

著者　永野　芳宣

# 目次

## 第3編　非対称性的突発性に対応する「動物的野性的」な6つのS感覚が生まれた理由を探る

## 第5編 F感覚の厚みを増した「電気」

## 第6編　感覚的社会の重要課題

# 図の目次

## 序論（「はしがき」の補足）
### ――日本人は「日本文化」とは何かを発信する義務がある

本書の内容は、以上の「はしがき」に述べた通りですが、もうひとつこれからのわが国の産業構造が、「サービス&観光事業」をメインとして展開して行かざるを得ないとすれば、どうしても心得ておくべき大切なことを、最初に述べておく必要があります。それが、この序論です。

すなわち日本人は今、堂々と真の日本文化を世界中に発信する義務があるということです。何故、義務があるのでしょうか。

それは、150年前、そして70年前と2度に亘り、欧米の先進文明と文化をしっかり吸収してきた結果、間違いなくわが国は世界一の成熟国家に成長したからです。だから当然、お世話になった人たちに、今度は恩返しをする必要があるのです。

しかし一方で、「感覚文明（センセーショナル・シビリゼーション）」という言葉でしか表現出来ないような、新しい世の中の波が訪れました。産業革命を齎した文明は、ヒューヒューとかガタガタとか大きな音がしましたが、この度の「感覚文明」は、殆ど音や声を発したりはしません。だから、気が付かないうちに大波が押し寄せて来ますから、十二分に気を付けておかないと危険なのです。もちろん、寧ろそれがどんなものかわかっていれば、大いに利用出来ます。

◇ところが一方では最近、日本とは「おもてなしの国」だと言われています。要するに海外から見ると、《日本文化》の基本は「おもてなし」ということなのでしょう。「おもてなし」とは、全く堂々とはしておりません。とても控えめで自分の国のことを、決して立派な国だなどと自ら言うことをしない日本人の、日本人らしい表現方法なのです。

その日本が「観光大国」になろう、「観光産業」を今後の基盤にしようと言い出して、すでに10年以上が経ちました。その意味、その意義を控えめな日本人は、この際もっと自覚すべきです。「構造改革」が、これからの成長のために必要だと安倍首相もしつっこく述べています。しかし、その意味はこれまでの構造改革とは、すっかり変わっていることを首相もまた、その周りにいる官僚たちも自覚しているのでしょうか。そこが、重要なのです。

今迄の構造改革は、既得権益に守られた現在の産業構造の「規制改革」が、中心でした。それも、未だ必要でしょうが、もっと重要かつ必要なことは、成熟国家が辿らなければば生まれ変われない「わが国の基幹産業の転換」ということなのです。それは言うまでもなく、製造業中心の産業構造から、本格的に「サービス&観光産業を基幹とする産業構造」に転換しなければ、わが国は生きていけない運命に差し掛かっているということを、政治のリーダーがきっちりと国民に伝える義務があるということなのです。それを、明確に主張しないで、単に学者が言うように「構造改革」が必要だと言っても、国民には事態の深刻さを理解して貰えません。

何故今、「働き方改革」が必要なのか!

どうしてこれから、「女性をもっとリーダー的存在にする必要があるのか!」

こうしたことは、単に「少子化・高齢化」そして「人口減少を食い止めるため」だけではないのです。

そこのところを、これからのリーダーの方々は、しっかり踏まえて頂きたいと思います。

**図1**「構造改革とは何か」を参考にして下さい。今、述べたことの要点を、整理しておきました。

さてその上で、再度言いますが、もっと堂々と「この国の文化を発信する必要」があり

## 図 1. 構造改革とは何か

**構造改革は、時代と共に変遷してきた**

◇ビッグバン以来これまでの構造改革は、既存の企業を取り巻く既得権益の打破であった。

↓

◇これからは、日本の基礎となる産業構造そのものの改革でなければ意味なし。

↓

**歴史の検証と反省を踏まえること**

◇ ――――― 結　論 ―――――

『成熟国家は、全て、製造産業中心社会から、サービス・観光産業中心社会に移動せざるを得ない』

↓

◇これからの「構造改革」の中心は、わが国全体の産業構造を一層「サービス・観光産業」中心社会に変えることだ。

ます。以下理由を、少し述べてみます。

150年前の明治維新の折り、日本人は半開の国と言われながら、懸命に西洋文明を吸収すべく欧米を訪問しました。当時、一種の今でいう「海外観光&勉学ブーム」が起きたのです。しかも観光&勉学だけでは間に合わないというので、直接お雇い外国人を募集しました。政府が多額の資金を出して日本に来て貰い、懸命に欧米の文明文化の吸収に努めました。こうして、戦前わが国は欧米と互角に渡り合えると自覚するまでに、文明と文化度を高めて行きました。

また同じように70年前、戦後敗戦のどん底の中に突き落とされましたが、懸命に立ち上がろうとした時も、日本人は大変な「海外観光&勉学ブーム」を巻き起こしました。「ジャルパック」などという言葉が流行りました。また、技能技術と企業経営方策や政治哲学などを学ぶため、若者たちが留学したのも大きく言えば「海外観光&勉学ブーム」の範疇だったと言えます。

ところが、あの時から60年後の現代のわが国には、全く当時とは打って変わった現象が生じているのです。すなわち、これからはインバウンドと称して、逆に海外から沢山の外国人に日本に来て貰うことを前提に、新たに「観光産業」が主軸になったと言うのです。ごく最近私は「サービス立国論」（森川正之著、日本経済新聞出版社）という著作を読んで、ようやく観光とサービスを中心とした産業構造の改革に本格的に取り組もうとする動きが出てきたと思った次第です。

しかし、こうした観光やサービス産業を取り上げる場合、その論点をよく考えて見る必要があります。すなわちすでに成熟国家となって、少子高齢化をはじめ世界中の多くの課題について先進国とさえ言われる、この日本という国にやって来る人達は、一体どういう心掛けや目的或いは期待を持って来るのでしょうか。それを、相手の立場に立って考えなければならないということです。

単にそれは、モノ珍しい場所だから一度行ってみようということではないはずです。多くの人たちは単に買い物に来るのではなく、日本人がかつて経験したように、「自分たちも日本という先進文明国の状況を見てみたい。且つ、自分たちと違った文化を持っている国を、同じ目線で実感してみたい」と、思っているはずです。その上で、日本人のマナーや行儀などの生活の状況や仕事の仕方、更に匠の技術の活かし方や経営のあり方などをも、様々学びたいと思って観光&勉学目的でやって来る人達なのです。少なくとも、是非そのように思って「海外から日本にやって来る人たち」を観察して見て下さい。

そう考えた途端に、私たちの心構えが変わってくるはずです。そうして、「おもてなし」の文化をもっと育て、どんどん活用することが必要だと思われるのではないでしょうか。

ところが、インバウンドを強く意識しながらも、これまでこうした価値観や判断は日本人には殆どなかったように私には思われます。少し悪く考えれば、商売が日本国内ではもう限界に近かづいているから、これからは海外で稼ぐしかない。

今迄は中国だったが、人件費が上がったからこれからはタイやベトナム、更にミャンマーかな、という具合でしょう。同時に、観光客が欧米諸国に引け劣らず、日本にもどんどん来て貰い、お金を落としてもらえばＧＤＰの拡大に直接効果がある……というように、わが国の一方的な都合で、インバウンドや観光産業と言うことが考えられているのではないでしょうか。

私が、今どうしてもこの本を書こうと思った動機は、日本政府をはじめ政治家も学者も経営者も、それに起業家の方々なども含めて、日本人が「観光」について発信する言葉に、「成熟国家となった日本文化の優れた姿」を、発信してやろうという《目的意識》と、そうした《気概》がないことに気付いたからです。

現在の日本経済を成長させるためには、「地方の創生が必要だ」「ベンチャービジネスをどんどん興す必要がある」「補助金を出して支援する」というようなことが、政府やマスメディアなどから頻りに主張されております。ところが、現実にはベンチャーによる起業は、そう簡単には起こせないのです。

理由は、そうした起業のアイディアや手法がどうしても、出て来ない。あるいは、きっかけが掴めない……というような話が多く聞かれます。

◇もちろん、すでに随分以前からベンチャー事業を支援する財団やNPO法人なども、盛んに造られております。しかし、なかなか思うように育たない。財団やNPOのリーダーの方々も、どうしてだろうと悔しい想いをされているだろうと思います。

そこで、ここはもっとその理由を真剣に突き詰めて見なければならないと、考えた次第です。一言で述べると、私はこの問題の基本には、少なくとも2つのことが横たわっていると、最近頻りに思うようになったからです。

1つは、既にわが国が昔と違って、成熟社会になってしまっていることです。だから、もっと堂々と卑屈にならずに、日本文化のありのままを相手にわかり易く発信すると言う姿勢と気風が必要です。私たちは戦後しっかりとアメリカの経済方策を学んで来ました。その日本人が、組織社会を大事にし、基本的な文化を発信することを躊躇してはおりません。例えば、「グループ長」とか「グループリーダー」などという制度は、言葉は英語でも正に日本文化の典型的な姿そのものです。

2つには、4・0とか5・0という略語が流行り出したように、人類社会が新たな文明を興しつつあるからです。冒頭に述べた《感覚文明》というのは、この5・0のことです。こうした新たな文明の誕生を、わが国が受け入れざるを得なくなっているのではないでしょうか。

しかし、この問題はあくまで「情報手段」の発展に結び付く、ということを承知しておく必要があります。ところが、こうした新たな情報手段を使わなければ（極端に言えば《スマホ》を使わなければ）、商売が出来ない、満足に買い物も出来ない、というような時代になってしまったことは間違いありません。だがそれは、事業や生活のための情報手段が高度に変化しただけであって、日本文化の姿が別のものになったわけではないのです。そこを、是非勘違いされないでください。

それにも拘わらず世の中は、固有の文化を超えて、《手段に過ぎない筈の情報ツールの高度化》が、今や固有の文化を少しずつ侵食しつつあるという事態に立ち至っております。しかも簡単に言えば、（後ほど詳しく説明しますが）個人中心の欧米文化は、文明の変動に侵食され易く逆に変わり身も早いのですが、わが国のように組織により守られている文化は、文明の嵐を喰い止めなければ潰れてしまうという危険性が大きいのです。

私の一つの発想ですが、是非「自分を中心に丸い円」を描いて見て下さい。その円の中に、ご自身が住んでいる一つの地域や地勢と文化があるはずです。また企業という組織の中の自分にも一つの文化があるはずです。そうしたそれぞれの文化は、常に新しい文明に接して「上手に自らの文化をその文明に照らし合わせて、新しいものを吸収し、要らなくなったものを取り除いているはず」です。こうして「自分を中心とした丸い円」が時々脱皮（イノベーション）していれば、その地域や企業を新しく発展させていく力になっているはずです。新たなベンチャー企業が生れているはずです。

150年前、半開の国と言われていた頃の日本は、明治維新により開国し西欧文明の技術や制度を素直に受け入れて、忙しく革命を達成しました。もちろん、相当な抵抗もありましたが、文明改革は早かったと言えます。それが、通常言われる近代化すなわち資本主義の原理を追求する、「産業革命という西欧文明の誕生」でした。

その時以来現在まで、わが国は西欧文明のベースである、この資本主義経済の原理を十二分に活用して、量質共に高度な経済と高い文化価値のある社会を築き上げました。その改革の鍵は、例えば間接民主主義の原則です。それによって、日本の国は、安定的に存在し発展して来たのです。

ところが今や世界中で、国家と国民を守ってくれるはずの間接民主主義という、文明国の共通のギア（鍵）が利かなくなり、直接国民が「その場の感覚」で国政の方向を決めるようになり始めております。国民投票はその典型的な姿です。

◇私はこの現象は、先ほどから述べるように新たな文明の誕生であり、それは「感覚文明の時代」とでも表現するしかない時代への転換だと思い始めました。要するに今や、こうした事態に至るまでに人間の知能が、自分が生み出した技術と技能を、自らが驚く程に高めてしまったのです。

何故なら、人間の行動を最適化するための手段に過ぎなかったはずの《情報》が、ネットと結び付きＩｏＴとＡＩと言う姿に変身して、人間の存在を凌駕しようとしているからです。しかも日本人は既に、発展途上の新興国とは違って高度な生活水準を実現し、《成熟国家》だと自ら表現して止まない民族に成っているのです。

そして、これからのわが国の産業構造は、間違いなく「サービス＆観光」を基幹産業に転換しなければ、成り立たなくなってきているのです。

このため、ＩｏＴやＡＩを駆使しての、あらゆる人間の行動や行為の判断基準が、「感覚」すなわち《センス（Ｓｅｎｓｅｓ）》や《フィーリング（Ｆｅｅｌｉｎｇ）》によって決められるという雰囲気になってしまったのです。マスメディアが、その状況を煽っているのも確かです。正に、そういう世の中が訪れたのです。

しかも、今やこうした状況は、わが国だけでは無く世界中に広がっております。先ほども触れたように、欧米や中東などの諸国の方が影響を受け易いのです。

すなわち、同じ「感覚文明」の影響だとしか考えられませんが、世界中が秩序を失い掛け混乱状態に成りつつあります。例えば、貧富や文化の格差を解決するため、「神の力」を借りるとしながら、正に感覚的に短絡して同志を募り、「全てを暴力で解決しよう」という動きが、あらゆる場所で発生しており、ご存知の通り毎日のようにテロ行為が発生しています。例えば今や中央アジアから北アフリカに至る広大な中東地域は、正に混乱のルツボと化し、解決の見通しが全く付かない状態になっております。ごく最近、中東問題の専門家の一人、松尾博文氏（日本経済新聞論説委員兼編集委員）を招いて勉強した折に、こうしたことがこれから非常に心配だと述べ、世界の秩序維持にわが国がどのように役割を果していくかが、今こそ問われているということでした。別の言い方をすれば、これは既に「戦争状態」だと言われるくらいに、民主主義の危機に直面しているのです。

◇災害列島のわが国も、少子高齢化が着実に進む中、この「感覚文明」の到来で、世界の政治経済等から大きな影響を受けつつあります。それが組織社会の、日本の国体を揺るがすようなことになったら大変です。現在わが国の政治政策のスローガンである、アベノミクスの組み立ても、新たな知恵を導入すべく改めて方策が問われてくるものと思います。

ところが、そうした中で、「おもてなしの国」と言われ出したこの国に、益々大勢の観光客やビジネスパーソンが訪れています。最近のある調査では、世界一住みたい街のトップが東京で、ベストテンに京都や福岡が入っているようです。

すでに前述したところですが、外国の人たちが観光にやって来るというのは、日本人がかつて海外に出て行ったように、今度は新興国の人たちも、そして欧米の人たちも、自分たちに役立つ何かを求めて、《観光&勉学》に「日本の文化」を学ぼうと思ってやってきている……そういう相手の立場に立ってインバウンドも、そして観光産業のあり方も、今一度考え直してみる必要があります。新たなベンチャー事業も、こうした発想や感覚に基づいて構想すれば、きっとイノベーション的な力が生み出せるのではないでしょうか。

またそうした前提の上で、何故「おもてなしの国」と言われるのか、その強みを探って行けば、資本主義や民主主義の危機と言われる問題も、或いは解決のヒントを見つけ出せるのではないかとも思いました。それが、世界へ向けての日本からのメッセージになるかも知れません。それは、「おもてなしの国」の新しい責務であり、勇気が要ることだとも思います。

さて、その「おもてなしの国」の強みのヒントは何か。今正に新たな文明の基準になりつつあるとさえ考えられる、《感覚》ということに焦点を当てて判断して見ると、実に面白い事実に私たちは気が付き、新たな希望が湧いてきます。

すなわち、そこには私たち日本人しか持ち得なかったような「日本文化の知恵の結晶」とでも言えそうな、「十二分に」とも繋がる《12の感覚》が、先ほどから述べる「日本人のおもてなし」ということに、しっかりと結び付いて見えて来るのです。

一言で述べれば、私たちは《突発性の災害に対応する能力》の正に人間以外の動物が持っているものと同じ「動物的でかつ野性的」な「6つのセンス（「非対称性の知的感覚」聴覚・欲覚・気覚・先覚・知覚・才覚）」と、さらに同じく《四季の変化に対応する能力》の私たち人間が特に持っている「人間的かつ理性的」な「6つのフィーリング（「定期的対称性の実物感覚」視覚・味覚・触覚・臭覚・円覚・後覚）」という、合計12の感覚を、極めて上手に使いこなしてきたのです。そして、こうした「特殊な文化的な知恵」を全面的に活用しなければ、生きてこれなかったのが私たち日本人なのです。

このような「12の感覚を総合化した行為」が、結局は日本列島という特殊な地勢と地政を背景に、長い歴史を経る間に、日本人が「相手に対する《思いやり》の気持ち」を懸命に追求する姿となって、培ってきたことに結び付いたのです。そうした成果の現れだと考えられます。

◇更にこのような成果を得るには、他のアジア諸国には決してない何か「特別な手段」を、日本人だけが発揮出来たからではないかと思い、種々研究研削して見ました。出て来た結論は、2つの日本文化の結集の姿でした。

1つは、この国に定住した先人たちの、何千年も前の古代から続く、綿密な「稲作作業」の制度的な組み立てと組織、そうしたことに関する確実な実践。

2つは、明治維新直後すなわち150年前の「電気の発見」と、その素早い応用。

こうした手段を積極的に利用し、6つの動物的かつ野性的なセンス（S）感覚と同じく6つの人間的かつ理性的フィーリング（F）感覚とを、総合して他人への思いやりに活用してきたことが、「おもてなしの国」として評価され出したということではないでしょうか。

◇このことを、もっと簡潔に具体的に述べれば、とにかく人間の知能が高度になり、私たちは今や現実（リアル）の生活を、仮想空間（サイバー）のネットワークに、殆ど支配されるという状況下にあります。こうした状況下では、その判断が正に「感覚的に行われざるを得ない時代」であり、かつ世界的な既成観念の混乱が生じているにも拘わらず、日本人には《おもてなし》があると言われるのは何故かということをもう一度じっくり考えてみてはどうでしょうか。

何故でしょうか？　私はその理由は、簡単に言えば以下のようになると思いました。

初めて、この国を訪れる人々に対して、……

【突発性の災害に対応する動物的野性的な能力】

①「聴覚」に訴える工夫

②「欲覚」を興させる努力

③「気覚」が上向くよう懸命な手伝い

④「知覚」で理解を強め

⑤「先覚」によって希望を叶え
⑥「才覚」を働かせて満足を引き出す
【四季の変化に対応する人間的理性的な能力】
⑦「視覚」への尽きぬ誘い
⑧「味覚」の新鮮な旨味で満足感を持つ
⑨「触覚」の忘れ得ぬ温もり
⑩「臭覚」の香り
⑪「円覚」で総合的満足感を得る
⑫「後覚」でおもてなしを実感する

という、「合計12のセンスとフィーリングの全感覚」を働かせて、私たち日本人が懸命に努力しながら、総合的に創り出している《力強い知恵》だということが結論です。それを、是非大切にしてもらいたいのです。

「感覚文明の時代」の中へと、新たに文明が変動しても、私たち日本人でなければ創れない「おもてなしの国」の文化とその国造りの知恵を勇気を持って守り続け、最早堂々と、《観光＆勉学》にやって来る海外からのお客さんに、その《おもてなしの神髄》を紹介し続ける必要があります。

それに、わが国の会社は百年、五百年、千年と続く寿命を持ち続けているのも、全く同じく事業の関係者に対する《おもてなしの神髄》を持ち続けているからだと思います。私が関係している医薬品健康食品等のメーカーのイワキ株式会社も、また電気関連機器メーカーの株式会社正興電機製作所も百年以上、九十年以上と続く中堅企業です。一例ですが、イワキの社長・岩城修氏は、常に「事業は世のため、人のために在る」と耳にタコが出来るほど言い続け、その通りこの本で説明するような「おもてなし」を実行しています。

少し説明が長くなりましたが、本書はこうした内容をわかり易く述べたものです。

なお一層ご理解頂くために、「図」を十数枚用意しました。本文をご覧になりながら、ご参考にしていただければ光栄です。

# 第1編　何故「感覚的社会」なのか

## 1・文明と文化について

「感覚的社会」という言葉を使うのは、おそらく私が初めてだと思います。もちろん「感覚」という点については、すでにかなりの研究が成されており、例えば「感覚」をマーケティングに使用することに、特化した書籍も出ています。（注）1

だが、このことをもっと深くかつよく考えて見ますと、人間と言う人種が地球上に誕生した時からこの高等な動物は、私がこれから述べる「特別の感覚」を持ち、それを駆使して他の動植物に打ち勝ち、地球の支配者になってきたのだと言えるでしょう。これは、人類に共通の話ですが、これから述べることは、特に日本人は他の国の人たちよりも、特殊な、強い、しかも多様な感覚を持っているということです。

しかしながら、まず「文明」とは何でしょうか。私なりの理解ですが、そこから説明します。

**＊文明とは**

この言葉は何万年もの昔、優れた感覚の知能を持った人類が、他の全ての動植物を超えて地球の支配者になったことを表わすために、20世紀初頭以来ヨーロッパの学者を中心に、生み出された言葉です。

一言でいえば、人間が野生の動物と同じような生活や行動をしていた状態から、一歩進んで集団を創り「組織化」して、衣食住を「計画的に造る知恵」を生み出した状態を、《Civilization》（シビリゼーション）と解釈しました。これを、日本語では「文明」と訳したわけです。

従って、その後の歴史の中で、一層組織化創りを高める技術や技能を高めた時に、「新たな文明が誕生した」というようになりました。しかも、「文明」は世界中に伝搬していきます。それに乗り遅れると、結局自分の集団を守り切れなくなるからです。よって、それぞれの集団が持っている「固有の文化」（「文化」については後ほど説明しますが）を、変え、改革して行かなければ「文明のレベル」についていけないことになるのです。

では、一般的にどのように「文明」は発達して来たといわれているのでしょうか。

話しは飛びますが……ご存知でしょうか。最近「4・0」とか「5・0」という言葉が、先端産業の分野でもてはやされております。例えば「4・0」とは、第4次産業革命」のことを略した言葉です。結局これが、人類が誕生してからの文明の発達の段階を表わしていることになるのです。

具体的に言えば、次のように考えられております。

＊1・0
土器・鋤鍬等農業技術が発達し、農耕民族が誕生した「農業文明」の誕生
（西欧では紀元前クレオパトラの時代、日本では弥生・古墳時代に当たる紀元1、2世紀ごろ）
＊2・0
火薬・武器、石炭等の利用で、移動民族が発生した「大航海文明」の誕生
（15〜18世紀の英西葡阿及び米の海洋進出時代、日本は鎖国）
《参考》川勝平太著「文明の海洋史観」（中公叢書）は、従来の陸地史観に対し、「文明の歴史は海洋から造られた」というものである。本論の趣旨とは異なるが、「海洋」という点に着目している点では参考になる。
＊3・0
航空機、鉄道、自動車及び電気を利用する産業革命による「工業文明」の誕生
（19世紀末から20世紀に、全世界に近代化が浸透）
《参考》木村尚三郎著「西洋文明の原像」は、正にヨーロッパの工業革命がどのような新たな文化を生んだか、日本は何を学ぶべきかなど極めて示唆に富む名著である。その中

に、次の様な参考になる指摘がある。

「G・バラクラフ（中略）は、めまぐるしく激動する現代の諸事象に目を奪われることなく、ヨーロッパ人的主観をも脱して、世界的視野から大局的に文明論を展開し、現代世界と自己を客観的に捉えている。このような歴史家としては、同氏の他に、今日、E・H・カーやアーノルド・トインビーといった、イギリス人の活躍がことに目立つ（以下略）」

（同書13、14頁）

**＊４・０**

グローバルなコンピューターとネットの情報産業革命で「サイバー文明」の誕生
（20世紀末から21世紀初期に世界経済全体に広まる）
その上で、これを「第４次産業革命」と呼び、グローバルに各国の産業が協調協力して、出来るだけお互いの技術内容を標準化ないしモジュール化して、効率的な、或は地球環境にやさしい省エネルギー型の改革を行おうということが、大きく取り上げられ出しました。

**＊５・０**

サイバー文明が社会全体に拡大し、リアルとサイバーが融合する時代が到来。

人間の「感覚判断」が政治・経済・社会を動かすという、「感覚文明」の誕生（5・0については、どのように位置付けるか。未だ、情報関係の専門家も、正しい答を出しておりませんが、私は前述したように最近約2か月程研究検討した結果、それは「感覚文明」という新たな文明の到来を指していると、主張致しております）

《参考》「4・0」までの文明の発展段階については、幾つか異論があります。例えば、2・0を「産業近代化」を指し、3・0は「20世紀末のコンピューターが導入され、大量生産と電化が推進されたこと」が新たな文明の誕生だ、とする考え方が有力です。

このように私は、「5・0」を《感覚的社会》と称しても良いのではないのかと、本書で述べている次第です。

**図2**「感覚的社会（感覚文明時代）とは」をご覧頂ければと思います。以上説明した内容を纏めておきました。

そして、この時代の重要なエネルギー資源は、正に「電気」だと思います。

要するに「文明」とは、人間が活躍する技術や技能や政治経済などについて、グローバルな進化が「段階的に発生したこと」を、現代の専門家がわかり易く表現した言葉です。

## 図2. 感覚的社会〔感覚文明時代〕とは

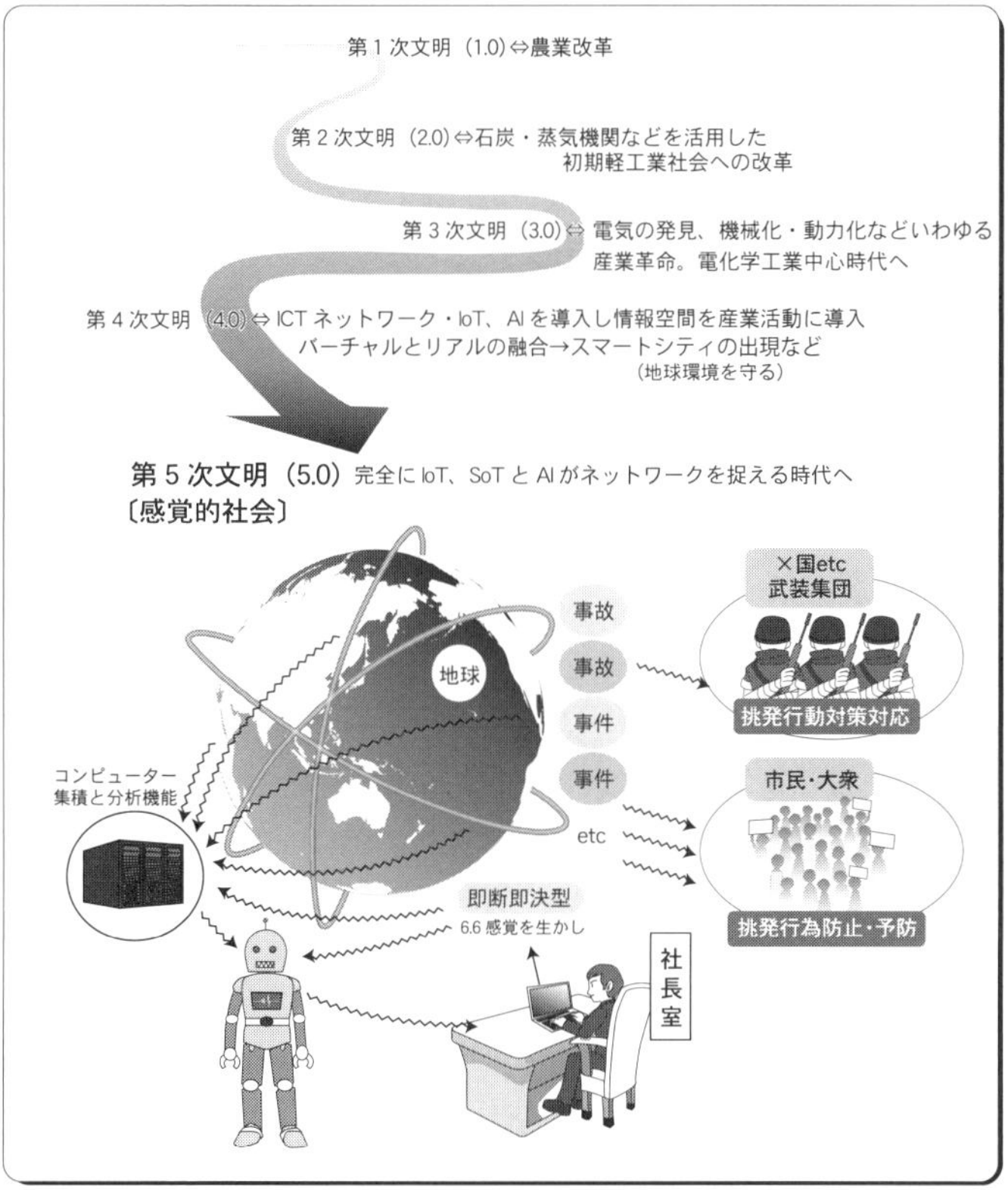

数千年の間に、人間の知恵が徐々に発達して来ましたが、劇的に進んだのは、ほんの僅か、つい最近のことです。

さて、私たちは次いで、「文化」とは何かを考える必要があります。すなわち「おもてなし」が何故重要なのかを理解するには、文明と文化の違いについての判断がとても大切です。

**＊文化とは**

最近では、インターネットで検索すると、「文化」や「文明」の定義などについて、とても詳しく教えてくれます。その1つのオンラインジャーナル「文化と文明」には、概ね次のように紹介されています。

＊「文化（Culture、カルチャー）」の原義は、《都市（城）を築くこと》

＊生活様式一般であり、無形・精神的なものが主体

＊特定の国にのみ発生する

＊固有のアイデンティティーやレガシーを、変化しながら継承していく

もっと詳しい紹介がしてありますが、私は概ね以上の4点が「文化」の定義を表わしていると考えます。

すなわち、上述した「文明」の場合とは異なり、「文化」というのは、例えば日本という国とか、或いは九州や四国や関西などという一つの限定された地方・地域に独特な「言葉」「しきたり」「礼儀作法」、或は「伝統」そして「宗教」というように、独特のかたちや内容を備えたものと結び付いております。もちろん、「言葉」は言うまでもなく最も鋭く文化そのものです。また「宗教」も、独特のものだと思います。日本人がお辞儀をするのもまた、欧米人が握手をするのも、それぞれの文化です。要するに、それぞれが固有のアイデンティティーやレガシーを守りながら、未来に引き継いでいくことが重要であり、また特徴だと言えます。

ただし、固有の文化といえども、世界に共通する文明の前には、寧ろそうした新たな文明の知恵を借りなければ、その国や地域の住民が生きていけなくなる可能性が出てきます。例えば今迄は家内労働により行うのが当たり前であり、それが家族の絆に結び付いていた状態でした。しかし、西欧文明が齎した「作業の機械化や自動化」ということを受け入れない限り、家内労働では生活できない。そうなった時、人々は企業に雇われ家内労働の絆はなくなっていくわけです。そして今度は企業（会社）という組織社会が、重要な人間の「絆」の場を創り出しました。

更に文明の転換を受け、農村型の文化が都市型の文化へ「伝統文化の維持手段」が、大きく変化していきました。しかしながら、私たちは独特の地勢と地政に結び付いた《基本的な文化スタイル》を、放棄することは出来ないのです。

私自身は、こうした文化論についての専門家ではありませんが、調べて見ますと「日本文化」については、相当詳しい論考が成されており種々参考にさせてもらいました。その中から2つほど紹介しますと、1つは明治維新の開国時に日本の文化を紹介した新渡戸稲造の『武士道』から、昭和46年（1971）に発刊された土居健郎の『甘えの構造』まで、15人の専門家の主張を纏めた『日本文化の系譜』（中公新書）です。この本の編者大久保喬樹氏が、取り纏めを振り返りながら、結びで「日本人が、自分の確認する様子が、鏡として伝統日本文化をふりかえり、その自分との関係を問いつづけてきたことも強く感じられる」と述べている言葉が、とても印象深いと思った次第です。（注）2

もう一つは、上述の日本文化論の取り纏めが発行されるきっかけになったという、『外国人による日本論の名著』（佐伯彰一・芳賀　徹編：中公新書）です。この本に収められている「外国人が書いた日本文化についての論文」は、幕末の1858年に刊行されたロシア人ゴンチャロフ著の『日本渡航記』から、1984年（昭和59）発行のフランス人モーリス・パンゲ著『自死の日本史』まで、126年間に著された42編です。編者は、次のように感想を述べています。

「著者たちは開国以後急激に変わろうとする発展途上国日本を遠く近く眺めて、その近代化のゆくえを危惧し、その近代化の努力に共感と激励の言葉を送り、あるいは近代化のもとに失われてゆこうとする古きよき日本の人情と自然の美しさに温かい惜別の眼差しを寄せた」

正に、日本文化の特色が、新たな文明の中に呑み込まれていく姿が、外国人によって上手に捉えられているということだと思います。

このことについては、後ほど第5篇と第6編で詳しくのべることとします。


【参考資料】

（注）1：「感覚マーケティング」については、同書名の下記の本が出ている。アラドナ・クリシュナ著・平木いくみ、石井裕明、外川　拓共訳『感覚マーケティング　顧客の五感が買い物にどのような影響を与えるのか』（有斐閣）

（注）2：『日本文化論の系譜――「武士道」から「甘えの構造」まで』は、実際は志賀重昂著『日本風景論』明治27年（1894）の方が、明治33年（1900）に刊行さ

れた新渡戸稲造著『武士道』よりもずっと早く出版されており、しかも札幌農学校で後輩の新渡戸は、『日本風景論』を参考にして『武士道』を著したと言われています。よって、『日本風景論』を嚆矢とすべきところ、敢えて『武士道から云々』としたのは、こちらの方が著名であり、編集の都合上の理由であると思われます。

## 2・人間の知能を超える「人工知能ロボット」の誕生

私が捉えた「新たな文明」の誕生、すなわち《感覚文明》の時代が到来したという定義を導き出したのは、すでにわが国をはじめ世界中が……第1に、《デジタル化されたインターネット（DI）》を活用しなければ、正確かつ迅速な情報の収集が出来ない世の中になっていること。要するに、「DI情報」が国境を超えてグローバルに交換される状態を変えることは出来ないし、寧ろそれが当たり前の状態になったからです。しかも「DI情報」が、《IoT》と呼ばれる高度な姿に変身していることが挙げられます。

第2に、IoTに変身した「DI情報」を基に、目的や目標に向って物事の判断を行うのは、私たち人間ではなく《人工知能（AI）》が「人間に代わって行う世の中」が、本格化してきたこと。……というような、そういう恐ろしいほどに進化していく世の中になることが、はっきりしてきたのです。
（注）１：「ＩｏＴ」は、インターネット・オブ・シングスの略語です。意味は、インターネットを利用して、あらゆる必要な情報（シングス）をデジタル化し、高速で集積すると言うようなことです。すでに、現在はＩｏＴの世の中に突入しており、これをどう人間に必要な情報価値に集約するか、更に人間の判断の代理をするまでに、どの程度高められるかが大きな課題になっております。
（注）２：「ＡＩ」とは、人工知能のことです。英語でいう、Artificial Intelligence の略です。

「ＩｏＴ」や「ＡＩ」については、最近わが国でも多くの解説書が専門家や実務家等によって、書かれるようになりました。したがって、読者のみなさんには殆ど珍しいことではなくなっていると思います。

問題は、私ども人間がどんどん進化するこの人工知能を、どこまで活用するつもりかということが、今問われ出しております。前述したように「インターネットとデジタル化」によって得た情報を基に、自らの知能で必要な判断をするのではなく、「人工知能ロボット」に必要な判断をしてもらうという、そういう段階までＡＩの利用が進んでおります。

人類の果てしない欲望が、そういう世界を創ったのだから仕方がありません。

ところが、こうした「人間の知能を超えるロボット」が、どんどん自分の知能を磨いていくと、遂には「人間の欲望が人工知能に乗り移って《ロボットが、自分は勉強すれば自らもっと賢くなれる》ということを、いずれ認識するようになるのではないか」、という心配が出てくるのです。

この点は、更に後ほどもう一度触れますが、結論的に言えば、最後は「人間の知性」を信じるしかないように思います。

(注) 3：ジェイムス・バラット著・水谷　淳訳『人工知能――人類最悪にして最後の発明』(ダイヤモンド社)は、非常にリアルにシリコンバレーの実態などを描写しながら、人類滅亡の危険性まで予測しています。

その他、一般的なＩｏＴとＡＩに関する書籍としては、以下のようなものがあります。

＊桑津浩太郎著『２０３０年のＩｏＴ』(東洋経済新報社)

＊柏木孝夫著『スマート革命』(日経ＢＰ社)

＊松田卓也著『２０４５年問題　コンピューターが人類を超える日』(廣済堂新書)

## 3・「感情」と「理性」とが、存在しない世界が進んでいる

すでに読者の皆さんは、人間が求めて来た「情報」を得る手段が、遂には人間自身の知能水準を超える状況を、自らが創ってきたことをご理解されたと思います。このため、そういう世の中に私たちは否応なしに吸い込まれている状況を、どのように判断されておられるでしょうか？

人間は、「《感情》と《理性》を持った稀な動物」、すなわち《心》を持った唯一の動物ですが、その人間自身がこうしたＩｏＴとＡＩにより、どんどん情報を得る能力を進化させてきました。しかしＩｏＴもＡＩも、このように元はと言えば全て人間が造り出した情報を得るための《機械》という道具です。その機械が如何に便利に活動してくれたとしても、そこには人間のようなハート《心》がありません。一言でいえば、要するに機械には感情も理性も存在しません。

ここでは、この問題が如何に重要であるかを、読者のみなさんと共に考えて見たいのです。だったら、止めてしまうように出来ないかといえば、私たち人間の欲望は果てしなく、それは全く不可能だと言うしかありません。

だから文明文化の進化を後戻りし、時計の針を逆に廻すことは出来ないのです。寧ろ、

こうした人工知能ロボットをビジネスにもまた、私共の生活にも有効に便利に使うしかないのです。

例えば、次のように三菱電機が最近行なった人工知能（AI）の使い方についての事業説明会には、「AIはあくまで《脇役》です」という紹介がありました。その上で、是非経営改善に利用して頂きたいと述べられていたと言うのです。（注）1

「AIの中核機能は、コンピューターが自ら学習する『ディープラーニング』。大量の情報を集めて処理し続ける。三菱電機は必要な情報だけを効率的に選び取る独自の技術により、通常の10分の1の処理量で済むようにして、かかる時間を100分の1に短縮した。この圧倒的に速いシステムがAI戦略になる」

「まずは、自動車の運転支援に導入する。画像やセンサーを通じて運転手の顔や心拍、ハンドルの動きを分析し、居眠りの兆候を察知したら運転手へ直ぐに警告を発する」

また、三菱電機では今後このAIを、種々の製造機器のモーターの回転音や温度をセンサーで測定して分析を行い、《故障の予兆》に繋げると述べております。（注）1：以上は、2016年7月23日の日本経済新聞「ビジネスTODAY―隠れた優等生三菱電機」から引用。

また、異業種間でAIを共同研究し、社会に役立つビジネスを始めようと言う動きも急速に出て来ております。

【例示1】ホンダとソフトバンクは7月21日、車にＡＩ機能を搭載して「カメラやセンサーからのデータの他、運転手との会話から顧客の〝嗜好〟や〝喜怒哀楽〟を学び、人間の感情を読み取り」、車が今迄のような単なる移動の手段でないものになることを目指すと発表しました。要するに「車がＡＩによって、乗車している人間と家族のような関係性を生み出す」、というのが、目的です。（注）２：２０１６年7月22日付日本経済新聞等より

【例示２】次のような、大学と企業が共同でＡＩを活用する実証的研究も、盛んになってきています。自動運転の技術開発や人材育成を手掛けるティアフォー（名古屋市、竹岡尚三社長）は9月を目途に大学で計算機科学などを専攻する学生が、社長などの形で経営に携わる学生ベンチャー（ＶＢ）を子会社として設立する。自動運転に関する技術を共同で開発する。まず5社程度を立ち上げ、年内に約10社まで増やす方針。大学での最新の研究成果を取り込むとともに、優秀な人財確保につなげる。（以下略）（注）３：日本経済新聞２０１6年7月15日付記事　ディーエヌエー（ＤｅＮＡ）は14日、東大発の人工知能（ＡＩ）開発ベンチャー、プリファード・ネットワークス（ＰＦＮ、東京・千代田区）と共同出資会社を設立したと発表した。ＡＩを使った対話システムの開発を検討するほか、ＤｅＮＡが手掛けるゲームやヘルスケア、自動

運転といった分野で企業と消費者の双方に向けた製品やサービスを開発する。（以下略）

私は、旧知の人類学者で著名な長谷川真理子教授から、「人間は生物の中で唯一《心》を持った動物である」ということを、詳しく教えてもらったことがあります。なるほどと思い、色々な場面でそれを思い出します。

ところが、このように人工知能のＡＩが私たち人間の脇役として活動する時代になりました。そしてそのことは、益々必要でありかつ重要でしょうが、ここで（そのためにと言った方が適切でしょうが……）私は大変大きな変化が、私どもの人間社会に必然的に生じることを敢えて指摘したいと思います。

それは、人間に取って最も大切な「感情と理性」を育む時間が、非常に短くなるという大きな課題です。私たちが経験して来た幼児期は、たっぷりと日本的な文化の匂いを知らず知らずのうちに、母親の腕の中で、或いは直ぐ傍で、母親たちの仕草を見ながら、しっかりと学んで来ました。

だが現代の幼児たちは、おそらく母親の仕草を真似て、パソコンと過ごしている時間が多いのではないでしょうか。つい最近のＮＨＫ報道番組のニュース特集ですが、３歳にしてプログラミングの塾に通い、４歳で天才プログラマーと呼ばれる幼児が現れるという状況について、もはや私たちはあまり驚かないという世の中になっております。

いずれにしても世の中に《感情と理性》のない世界がどんどん広がることは、間違いありません。

すると、どういうことが起きるでしょうか。

人間は、「知能」の働きを段々にＩｏＴとＡＩに、任せてしまうことが多くなると思われます。しかし、同時に「欲望」はあくまでも強い人間は、決して暇が生じるわけではありません。寧ろ、逆に人工知能のＡＩが生み出す中味に、どんどん時間を取られはじめるでしょう。その好事例が、任天堂がアメリカで生み出した《ポケモン》騒動です。すでに、私たちが殆んど毎日経験していることですが、電車に乗って周りを見てみると、概ね10人のうち7～8人は手元のスマホやケイタイやタブレットを忙しく動かして居ります。とにかく、忙しいのです。

この事例のように、逆に私たちの知能がＩｏＴとＡＩに任せた分だけ暇になるのではなく、現実にはその時間を「人工知能が創り出すサイバー（架空）空間の動画の世界」を、懸命に追いかけることになってしまうのです。

従って、人間の知能には、逆に段々余裕がなくなるはずです。そうすると、次にどうなるか。すなわち、それは第1に《感情の働き》すなわち《感覚》に段々頼るようになるということ、第2に《理性》を働かせる時間と余裕がなくなるということです。

この本の題が、「感覚的社会」と表現したのは、正にこのようなことを指しているのです。

「21世紀の初め頃、人類は『感覚的社会』に入り新たな『感覚文明』とでも言うべき新たな文明時代に入った」と、後世の歴史家は主張するのではないでしょうか。

## 4・「S感覚」と「F感覚」を区分し定義する必要性

私たちが持っている「感覚」を区分けすることなど、不可能だという意見があると思います。

しかしながら、日本人には全く突発的に襲って来る災害の危険性に対して、発揮しなければならないのは、「命《いのち》を守るための動物的・野生的な防禦の感覚（これを6つのS〈センス〉）だと私は定義しました。

一方、春夏秋冬という四季の定期的な活用の中で、共同生活の秩序を保たなければならない、要するに動物的・野生的感覚を超越していく「人間的な理性的」な感覚（これを6

つのF〈フィーリング〉）が、日本人には優れて備わっていると、これも明確に定義した次第です。

こうした定義の明確化によって、新たに始まっている人間の理性を否定しそうな「感覚文明」時代の動向に関する問題点が今後一層理解されていくことに役立つと思います。

その「センス（6S）」と「フィーリング（6F）」について、次に説明しましょう。

## 5・「感覚文明時代」に何故「おもてなし」が有効かつ必要なのか

日本人は、一般的に言われる「5感覚（聴覚・視覚・味覚・触覚・臭覚）」の他に、更に「7感覚（欲覚・気覚・先覚・才覚・知覚・円覚・後覚）」を、意識的にも保持している特殊な国民であるということを、すでに述べさせて頂きました。

そして、私なりにこの12の感覚を再整理し、次のように「6つのセンス（sense）」と「6つのフィーリング（feeling）」としました。ちなみに、充分に分かったという時、「十二分に了解した」と述べたりします。この《十二》が、上述の《12の感覚》に当たるものだと思っております。

しかも「センス」は同じ人間の感覚の中でも、突発性の災害や事件に対応する動物的野生的な知能の働きであり、一方「フィーリング」は四季の変化変動に対応できるように育てられてきた実感的な人間的かつ理性的な知能の作用を伴うものだと考えた次第です。

◇センス　↓聴覚・欲覚・気覚・知覚・先覚・才覚（動物的野生的感覚）

◇フィーリング↓視覚・味覚・触覚・臭覚・円覚・後覚（人間的理性的感覚）

それぞれについては、後ほど具体的に説明しますが、サイバー空間で結ばれたネットワークに表示される文字や姿や景色や、更には商品を6つのセンスと6つのフィーリングで追求して行くことが、私たち個々人の行動原理にならざるを得ないということです。

これは正に、《実物を飛び越えて「感情」》で判断してしまう状況であり、それを私は「感覚文明」の世の中、すなわち「感覚的社会」だと思いました。

そして人間が段々に「理性」から遠ざかる危険性を常に背負い始めたと考えた次第です。

もちろん、ＩｏＴやＡＩの仕組みやシステムにはルールが必要だし、それをインターネット上で動かす人がいなくては成り立ちません。ところが、それは今までの国家のような組織ではありません。システムを創った者または、そのシステムを動かす権利を握った者が、支配する世の中になると思われます。そうなると、コントロールが効かない世の中になりはしないかと心配です。

しかしながら、そうしたサイバー空間をコントロールする秩序は、やはり世界中200か国以上に及ぶ国際組織によって、ルールを決め人間が本来持っている《理性と知性》により定めたルールを堅持していくしかありません。あくまで決めるのは「人間」であり、みんなの協力が必要です。

成熟社会になって、世界の先進国の中に入り、種々国際的な秩序創りに貢献していく使命を持っているわが国は、殊の外こうした世界的な《秩序維持》に強いリーダーシップを図る義務があり、且つ寧ろ責任があると言えます。この十一月の選挙で選ばれ、来年一月就任するトランプ大統領は、世界をリードするどころか、分裂させかねない突発的な発言を繰り返していますが、わが国のリーダーはこういう時こそ、冷静かつ我慢強く世界を安定的に発展していくための秩序創りに貢献していく必要があります。

このようにここまで、読者の方々に対して私が是非この本で述べたいと思ったのは、《おもてなしの国》と言われるようになったわが国の、その「おもてなしのルール」を、世界に紹介すべきだと考えたことです。

それは世界中の人たちから、日本の「おもてなし」とは何か知ってもらい、或いは学んでもらえば、感覚文明の時代に忘れられがちな、人間の理性の復活に繋がると思ったからです。

そう考える傍らとても気になることがあります。それは、ネット上で展開される情報（特にメール）は、人間の音声や顔の表情などに現れる感情的な「ニュアンス」は、全く捨象されてしまいます。

このため、理性よりも相手の表情などが全くわからないことに対する要求不満の方が先に立って、「冷たいメールの言葉を《感覚的》に処理しようとすること」が、どうしても増えるはずです。

## 6・「おもてなし」とは、「十二分に」という言葉と一致する12感覚を総合した日本人の知恵——衣食住が美しく慎ましく整った姿があってこそ

12感覚などと、やや大げさなことを述べておりますが、これは日本人の長い歴史の中から、生まれ出て来た「習性が創り上げたもの」だと、私ははっきり述べておきたいと思います。

日本の文化について纏めた最も古典的な著作は、ご存知の通り札幌農学校出身の志賀重

昂著『日本風景論』だと専門家の間で言われています。明治27年（1897）10月、すなわち日清戦争が起きた時に出版されております。この著作によって、はじめて日本人は自分の国が、世界でも珍しい「四季」という自然の変化を持つ国だと言うことを、自覚したと言ってもよいでしょう。

第一に、緑に囲まれた山里の満開の花が織りなす「春」の美しさを讃え、「外邦の客、皆日本を持って、えん然現世界に於ける極楽浄土となし、低徊措く能わず（以下略）」と、述べています。

第二には、秋晴れの野の茶色に浮ぶ瀟洒な風景を、「要するに英国の人、その国に在りては紅楓を描写する能わざる者、英国の秋たる何すれぞ日本の秋と相対比するに足らんや（以下略）」と言うように、その清潔な美を誇っております。

そして第三には、「日本には気候・海流の多変多様なこと」が、独特な世界の他には決して見られない特徴であると結論付けております。

（注）1：上述の志賀重昂著『日本風景論』は、岩波文庫の出版物から引用したものです。

正に四季の変化と災害列島のわが国の地勢が、和辻哲郎著の『風土』という名著の中身を語るまでもなく、一層この列島に住み着くようになった日本人の習性が、独特の多様な感覚の発達を齎したという結論は、概ね誰が考えても納得されるだろうと思います。

そこで、一つだけ簡単に例示をしておきましょう。

今から約30年前1984年から1988年まで「日仏会館フランス学長」を務め、若い頃から通算12年間も日本に滞在して、「日本文化論」を研究した、オギュスラン・ベルク著『風土の日本』から、次のような《雨》に関する言葉の多様性に、この著者が驚いて並べている14個の言葉を紹介すると、次のようになります。

彼は、Ａ（土着の言葉）とＢ（中国語に由来する呼び名）に分けて紹介しています。

＊Ａ 土着の用語（大和言葉）

①小雨（こさめ）

②大雨（おおあめ）

③大雨（ひさめ）

④氷雨（ひさめ）

⑤地雨（じあめ）

⑥夕立（ゆうだち）

⑦時雨（しぐれ）
⑧五月雨（さみだれ）
＊B　中国語に由来する用語
⑨膏雨（こうう）
⑩白雨（はくう）（夕立の同義語）
⑪麦雨（ばくう）
⑫微雨（びう）
⑬梅雨（ばいう）（つゆの同義語）
⑭秋霜（しゅうりん）

単なる一例に過ぎませんが、日本人のきめ細かな「感覚判断」にこのような自然の風土条件が与えている影響は、実に大きいのではないでしょうか。

（注）2：上記の事例は、次の書籍から引用しました。オギュスタン・ベルク著　篠田勝英訳『風土の日本——自然と文化の通態』（ちくま学芸文庫）

もう一つ挙げなければならないのは、《自然災害列島の国》という宿命を背負っていることです。もちろん、他の国にも自然災害はありますし、地震や台風のようなことが起きるのは、何も日本だけではないでしょう。しかし、日本列島の殆ど全体が、火山・地震・津波・台風・雷雨・洪水というように、あらゆる災害を受けない所はないというぐらいに、全土に亘って用心せざるを得ない国は、世界広しといえども、この国だけではないでしょうか。

私は、あの恐るべき2011年3月11日に起きた、千年に一度という東日本大震災の直後に、『3・11《なゐ》にめげず―賢く強い日本人になろう―』という本を書きました。《なゐ》とは、あの大地震と津波を受けた東北地方の各地に、言い伝えとして残っている伝説のことです。全てが災害でなくなってしまう、それはどうしようもない運命であり、諦めよう……ということです。

最期はそうでしょうが、しかし人間は何としてでも、このような突如として襲って来る危機から脱出しようと、本能的に身構えるはずです。そのためには、懸命に全神経を発揮して身を守ろうとするでしょう。

それが、正に日本人が他の民族や他国の国民に見られない「五感」というフィーリングを強くし、また7つの感覚的センスを働かせるのに長けているという、大きな理由でありかつ特徴だと言えるのではないでしょうか。私はそれを、先ほどから述べているように、

「非対称性の動物的野生的6つのセンス」と「対称性の人間的理性的6つのフィーリング」、すなわち少なくとも、《12の感覚》として纏めました。

よくわかったという時に、私たちは《十二分に》という言い方をします。この《12》というのは、非常に重要な数字です。例えば、朝からお昼まで「12時間」そして深夜までまた「12時間」、1日が計「24時間」というのも、正に「6＋6」という12感覚から来ているとも言えます。私は、そのように考えております。

# 第2編　歴史と文明・文化が生んだ「おもてなし」の原点

文明も文化も結局は、「人間の感覚」によって生み出されるものです。従って私は敢えて、「感覚文明」の時代と呼ぶこととしました。そこから「感覚的社会」という言葉を思いついたのです。

先ほど第1編の最後に、日本人の「おもてなし」の基本に、長い歴史の中で培われて来た災害列島と言う特殊条件が働いているという説明をしました。もちろん、それはとても重要な指摘であると考えられます。日本人の感覚文明の基での新たな文化に行き着いたところが、要するに《おもてなし》だったのです。

しかしながら、日本人の「おもてなし」の形成には、単にそれだけではなく、もっと生活習慣に根差したものが他にもあるということを述べるのが、この第2編の役割です。

## 1・日本民族の歴史と文化とは、何が特徴なのか
### ――それは「モンスーン地域の風土という感覚文化」

私は、この問題を取り扱う時、何時も1冊の本を先ず思い出します。

それは既にご紹介した、大久保喬樹著の『日本文化論の系譜』です。そして、その中から特に、和辻哲郎の『風土――人間学的考察』の中の第1章の冒頭に出て来る、次の文章

を頭に描くことで、色々と論理的な考察が行なえると思っております。

「ここに風土と呼ぶのはある土地の気候、気象、地質、地味、地形、景観などの総称である。(中略)」

「我々は更に風土の現象を文芸、美術、宗教、風習等あらゆる人間生活の表現のうちに見だすことができる。」(以下略)
(注) 1：和辻哲郎著『風土』(岩波文庫) を参照しました。
上述の『日本文化論の系譜』を書いた大久保氏が、その本の中で和辻の『風土』を紹介しているところでも述べているように、『風土』は昭和2年（1927）に和辻が初めて海外を視察した感想を纏めたものです。彼は、先ず日本から中東へ、更に中東からヨーロッパへと旅をしたことで、世界には「3つの全く違った風土がある」ことを悟ったと述べています。
第1には、日本のような「モンスーン地域の風土」、そして《島国》
第2には、中東の「砂漠地域の風土」、そして《砂漠の大陸》
第3には、ヨーロッパの「森と牧場の風土」、そして《緑の大陸》
その上で、日本人についての和辻が纏めた論理は、とても明快であります。

## 2・モンスーン型感覚文化の特徴

〔1〕他の地域の人たちのように、積極的でかつまた勇猛果敢ではない。日本人は、従順で我慢強く、熱しやすく冷めやすい。

〔2〕個人で判断し行動するよりも集団生活を求め、家族的な秩序を大事にする。

この2点が、モンスーン地域の人間の文化的な基礎条件だとして、大久保氏は和辻の『風土』について紹介した文章の中で、次のように述べております。

「人間は、個人であると同時に、他の人間と共同して社会を構成する存在でもあり、その共同的な関係において、個人としての一回性、有限性は共同体の全体性、無限性に組み込まれていく。（中略）」（大久保著128頁）

「しかし、そこに暮らす人間は、この気候に対し、砂漠型風土の場合のように敵愾心を抱かない。その理由は、ひとつには、モンスーンのもたらす湿潤が豊かな草木を繁茂させ、自然の恵みを与えるからであり、もうひとつには、モンスーンがひきおこす台風や洪水、旱魃などの脅威はあまりに暴発的で、人間の対抗心を萎えさせてしまうからであって、いずれにせよ、その結果、人々は、この気候に反抗するよりは忍従することになる。この受容性忍従性が、モンスーン型（感覚）文化の特徴にほかならない」（中略）（注）文中の

「(感覚)文化」という表現の「(感覚)」は、筆者が挿入したもの。

「日本の場合、モンスーンの作用は、夏、太平洋側に台風として降る大雨と、冬、日本海側に降る大雪の二重現象としてあらわれ、それぞれ、熱帯的と寒帯的、作物としては稲と麦という二重性に連動し、更に、日本人の心性の特徴である二重性、すなわち、激しやすく、移ろいやすいと同時にじっと辛抱し、耐えるという矛盾ともみえる二重性を生み出すというのである。(中略)この突発的な暴威に対応して、瞬間的に激し、猛然と戦うが、そのあとは、一転して、あっさりとあきらめ、忍従するという『台風的忍従性』と呼ぶ日本人の特異な心性が生まれたと結論する(以下略)」(大久保前掲書131、132頁より引用)

このような日本文化の特徴は、同じく先に紹介した過去130年の間に来日した42名の著名人が残した、『外国人による日本論の名著』(中公新書)の中でも、多く語られていることは言うまでもありません。

**図3**に、「モンスーン地帯の特異な地勢を克復して来た日本人」の特徴と、そうした災害に打ち勝って来たことが、重大な災害に備える姿勢を生んだという内容を纏めておきました。読者の方々の、参考にして頂ければと思います。

## 図 3. モンスーン地帯の特異な地勢を克服して来た日本人

○モンスーン地帯の特徴《図５のＦ感覚と結び付く》

＊四季の変化、春夏秋冬で激変する気候変動

＊強風、豪雨、猛暑、極寒

＊暴風、雷雨など

○火山列島日本の特徴（列島全体）
《図４のＳ感覚と結び付く》

＊地震多発

＊津波

＊火山爆発、火山灰など

↓

◉重なる災害に耐え得る対応をとってきた

＊組織的な連携強化（絆）

＊緊急対応のためのネットワーク整備

＊情報収集手段の強化

＊電気、ガス、水等基礎的インフラの強化と整備

＊歴史の教訓を生かし、「6.6」感覚の錬磨

など

## ３・外国人による日本文化の理解
### ――時代と共に変化する「感覚による日本文化観」

そこで、ご参考までに上述の42編の中から、主なものを簡単にご紹介してみましょう。一言でいえば、１３０年の間にかなり日本の文化に対する理解度が、日本にやって来た外国人の間において、微妙に変化してきていることが十分に看守されます。

それは、半開の国と言われていた徳川13代将軍・家定の時代に日本にやって来た、ロシアの商人イワン・ゴンチャロフ（１８５８年発刊『日本渡航記』）から、日本の高度成長の最盛期に来日した、フランスの文学者モーリス・パンゲ（１９８４年発刊）までに亘ります。結局は「日本」という国の知名度が大きく変化し高まると同時に、日本人の要するに文明度がこの１３０年間に、（現在から30年も前のことですが）すでに世界トップレベルに上ったことによると思います。

以下、特に42名の中から8名を選び、外国人が主張する「日本ないし日本人に対する感想」を通じて、日本文化をどのように「感覚的に受け止め」かつ理解しているかを、具体的に見てみようと思います。なお、８名の選び方に何か特別の意図があるわけではありません。時代の変化に応じて、日本と日本人の文化についての理解が、少しずつ変化している状況が読み取り易いと思った著作を選んでみたということです。

結論的に言えば、正に「彼らの感覚による日本文化観」であると思います。

**＊ルートヴィヒ・リース『日本雑記』（明治38年〔1905〕発刊、イギリスの歴史学者）**

「ロンドンでは、（火事になると）見物人が山のように押し寄せて大騒ぎになる。

シカゴでは、損害は何百万ドルにもなったという噂話があっという間に広がる。……だが東京では事が行儀よく丁寧に行われる。そして、周りの人は最善を尽くして、手伝いをする」

リースは、日本文化を半開の国の取るに足らないものと、徹底的に批判した一人ですが、個人主義の欧米人に対し、組織主義の日本人の文化的な違いについては、このようにきちんと分析しております。

**＊エドワード・モース『日本その日その日』（大正6年〔1917〕発刊、アメリカの文学者）**

特に、このモースの考え方に注目したいのは、（後ほど「文明と文化との関係」について更に引用するつもりですが）それは、他の外国人と違い「日本文化の質の高さ」を、当時すでに認識していた数少ない一人である点です。

モースは、いわゆる明治政府が採った、「お雇い外国人」の一人として、明治10年（1877）来日し、都合7年間日本に滞在し多くの功績を残しています。中でも、来日直後に弥生時代を代表する、貴重な土器などの遺跡（大森貝塚）の発見に貢献した人です。

同時期ドイツから医学のベルツ、イギリスから建築のコンドルなどが、続々とやって来て、欧米文明の素晴らしさを日本人に伝承していきます。

だが、そうした中でモースは、寧ろ教えられたのはわれわれだというユニークな論を、この本で展開しております。先ほどの『外国人による日本論の名著』の中では、次のような紹介がしてありました。

「日本到着早々日光へ旅行したり、江ノ島に滞在したりして、まだ西洋化の波に殆ど洗われていない地方を観察し、日本の伝統文化の高さを見て取る機会のあったモースは、逆に日本の迅速な西洋文明摂取も、高度な固有の文明があって初めて可能だったと思ったのである。日本人には何でも教えるつもりでやってきた西洋人が、日本に来て虚心に日本人と日本文化を観察して見れば、多くの点で学ぶべきは西洋人の方だと気付くのではないかとモースは思った。（以下略）」（同書117頁）

**＊ラザフォード・オールコック『大君の都』（文久3年〔1863〕発刊、イギリスの外**

**交官）**

私も岩波文庫から出されたこの本を、若い頃興味をもって読んだことがあります。特に彼自身が描いた「挿絵」が、とても良く出来ているという印象が強くありました。オールコックは、日本との条約を例に取り、次のように述べております。

「日本をはじめ東洋諸国との条約がそもそも自身の自由意志と願望の結果ではなく、より強い力に対する恐怖から生まれたものである限りは、この条約を守ることは一つの強制以外の何ものでもない。たとえば心理的圧力と言うことをどんな美辞麗句でおおい隠すとしてもだ。それに、効果的な力を行使しないで強制することは、適当な有効な手段を持たないで目的を達成しようとするのがばかげたことであると同じように、ことばの矛盾である」「文化的に異なる規範を持つ東洋と西洋の出会いには『文化の衝突』は不可避であり、自分たちの利益についての明確な啓発された見解などで、それを片付けようとするのは不可能だ」「よって、宗教や通商関係の推進を必要以上に強調して日本人の恐怖心・警戒心をあおるのを慎むことが肝要だ」

**＊バーシヴァル・ローエル『極東の魂』（明治21年〔1888〕発刊、アメリカの外交官、天文学者）**

ローエルは、徹底的にアメリカ人と日本人の文化の違いを主張した外国人の一人です。同時に、日本人は未だ未開人だという先入観が強く、そうした眼差しで観察したということがわかります。すなわち、アメリカ人は個人中心主義の魂を持つのに対して、日本人（極東人）は「個人性が全く薄れ……非個人性（Impersonality）といってよいだろう」と述べております。

**＊バジル・チェンバレン『日本事物誌』（明治23年〔1890〕発刊、イギリス軍人将校から東大教授歴任）**

日本人の文化・文明度について、前述のローエルと同じく日本人が如何に劣っているか、イギリス人との比較の上で、あらゆる雑事雑学と事例を交えて述べております。

先ほどの『外国人による日本論の名著』の中から、幾つか紹介しておきます。

「日本人が自国の文学の中で、もっとも高く尊重しているものは、大部分が、ヨーロッパの趣味から見ると、堪えられぬほど平凡で風味が欠けているように思われる」

「日本の音楽の効果というものは、ヨーロッパ人の胸の中を和らげるどころか、我慢しきれないほど憤慨させるのである」

「日本は立派な音楽を生み出していないし、また日本は不滅の詩歌も生み出しておらない。誰でも、極東の単調な言葉を一つ身につけて親しまないかぎりは、わがヨーロッパの言葉がいかに絵のように美しいか、いかに隠喩にあふれ、空想できらびやかになっているか、充分に理解できるものではあるまい」

**＊エルヴィン・ベルツ『日記』（明治9年〔1876〕～38年〔1905〕発刊、ドイツの医師）**

明治のお雇い外国人の中でも、特に30年間という長期に亘り、わが国に滞在して西洋医学の伝承に貢献した、偉大な人物です。その偉大な人物の滞在中に書き綴った日記が、紹介されております。

彼は日本の文化を理解しようと30年間に亘り努力したが、本当のところを理解できたかどうか、結論的にはわからないと述べると同時に、次のような辛辣な批判もこの中で残しております。

このベルツが述べている「感覚的にはわかっても、本質はなかなかわからない」と言う指摘が極めて重要であります。

「西洋各国は諸君に教師を送ったのでありますが、これらの教師は熱心にこの精神を日本に植え付け、これを日本国民自身のものたらしめようとしたのであります。しかし彼らの使命はしばしば誤解されました。もともと彼らは科学の樹を育てる人たるべきであり、またそうなろうと思ったのに、彼らは科学の果実を切り売りする人として取り扱われたのでありました」

このように、ベルツは日本人が西洋文明と文化の基本を十分に理解せず、ただ形だけ真似しようと焦っている状況を、大いに疑問視し続けたと『外国人による日本論の名著』の編者（佐伯彰一・芳賀　徹両氏）は述べております。

その上で「異国民を理解しようと思うものは、是非ともその国民と同じ考え方、見方になじむよう努力し、これに基づいてその見解や習慣を説明する必要がある」という、ベルツの言葉を引用して、当時このベルツの言葉を日本の為政者が、その真意を理解出来なかったことが、結局は日本人の戦前の失敗を招いたと指摘しているように思われます。（注）同書96、97頁参照

私はこの点は、今日においてもとても重要なポイントではないかと思っております。すなわち、これまでと違って今日においては、日本は寧ろ文明の先進国になっているわけです。したがって、今度は逆にわが国を訪れる外国人に対して、「日本文化をしっかりと学んでもらう必要がある」わけです。

要するに、インバウンドとは何か、更に観光立国とは何か、更には観光産業がこれからの産業政策の基本という、そのようなテーマを考えるとき、単に成長戦略のためとか、GDPの拡大の重要手段だというのではなくて、今度はもっと「日本文化」の良さとは何かを、日本人は積極的に発信する義務が在ると言うことを、十二分に弁えておくべきだと考えなければ成らないのです。

**＊アーネスト・フェロノッサ『東亜美術史綱』（明治45年〔1912〕発刊、アメリカの経済、政治、美術、哲学の大家）**

東大教授となり、日本文化を深く研究し世界にその価値を広めた一人です。前述のモースの紹介で明治11年（1878）来日。数年後には、日本画の鑑定・鑑識を身につけ、系統的に日本画を収拾して、わが国の近代美術教育、文化財行政に深くかかわり続けた人物だと、前掲の『外国人による日本論の名著』の編者は述べております。

彼が著した『東亜美術史綱』の基本は、西洋文明的美術と東洋文明的美術とは、どちらが先進的でどちらが後進的だなどと言うのではなく、双方が異なる文化の上に育てられたものであって、いずれも価値ある存在だと言うことを証明したものです。

同時に、双方が交流することに拠り、当然のことながらそれぞれの文明の影響を受けていくということをも、主張しております。

**＊ルース・ベネディクト『菊と刀』（昭和19年〔１９４４〕発刊　アメリカの文学者）**

一度も来日したことがないのに、鋭い観察眼で、日本の文化を理解し日本人の行動を纏めたもので、一種の日本占領政策の手段にもなったと言われるくらい、重要な書籍です。前掲の『外国人による日本論の名著』の編者が述べている要点も、以下の通りであり、そういう「日本人の弱点」を、遺憾なく表現しております。

「たとえば日米開戦時、日本政府がアメリカ国務長官コーデル・ハルに渡した声明書には、次のような表現がみられた。『……万邦ヲシテ各其ノ所ヲ得シメントスルハ帝国不動ノ国是ナリ……』　そして、こうして始められた戦いが極限まで力を尽くして敗北に帰すると、今度は日本は、ガラリとそれまでの立場を変え、アメリカに従順な平和国家、民主国家として再生しようと努力し始める。それが新しい世界状況の中で日本の置かれた位置、求められた位置と考えたからである。同様の行動は、死に物狂いでアメリカ軍に抵抗して来た日本兵がひとたび捕虜となると、今度は一転して相手方に友軍の情報を進んで提供すると言うようなケースにもみられる。やはり今やアメリカ軍の保護下にあると言う自分の位置を悟っての選択なのである」（中略）

「そしてこうした日本社会の特質が、内面倫理として現れると、恩と義理に代表される独特の体系となる。（中略）日本においては、複数の種類の恩とそれに対する恩返しの義務の組み合わせが道徳律を構成している。すなわち、天皇から受けた恩、主君から受けた恩、親から受ける恩、師から受ける恩、更に様々な世間の人々から受ける恩などと、それに対する忠、孝等の義務である。そしてとりわけ特異なのは、この恩返しの義務に二つの種類があることである。ひとつは、一生を通じて限りなく続く義務であり、もう一つは、一定の範囲で恩を受けた分だけ返せば済んでしまう義務である。（中略）この後者の義務を日本人は義理と呼び、大変に重要視する。それは自発的な感情とは無関係の形式的な、金銭貸借にも似た一種の契約関係であるが、社会秩序の根幹として厳密に履行されることを要求する。その結果、しばしば、自発的な感情や人情と衝突したり、前者の義務と相容れなかったり、当事者を板挟みの苦悩に追い込むのである。日本人の最も好む『忠臣蔵』に、その端的な例が見られる」

以上8名の外国人の目から、日本の文化がどのように理解されて来たかを取り挙げてみました。

このように、色々な見方があります。しかしながら、私には何か一つの大きな共通項があるような気がします。

それは、第1に幕末以来最近に至るまで、「私たち日本人が必要以上に欧米の文化の方が優れているという先入観に、阻まれ続けてきているのではないか」という点です。

それは、「おもてなし」の裏返しである「自己卑下」の強さ、というものかも知れません。

第2に、よって何か困ったことが生じると、何でも欧米で起きたことや、行なわれたことを、極端に言えば《全て善的事実として取り入れる風潮》が、どんどん進化していくという事実であります。

第3にこうした外来文化の姿に滅法弱い状況が、上述のように140年以上も前のお雇い外国人たち、例えばモースやベルツ、更にはリースやオールコックなどによって、厳しく指摘されて来たところであります。

## 4・西洋文明と文化の理解
### ──世界中の文化の違いを理解すべし──

**＊前提条件としての「心構え」**

このように日本の文明と文化を理解し評価してきた欧米文明とは、一体どのようなものなのか。或いは、そうした文明の基でどのような文化が発達したのか。それを十分理解することは、とても大切なことです。

かつては、懸命にこうした欧米の文明とその基での文化の中身を学び、どんどん吸い取った日本人は、この東洋の一角でとうとう世界を凌駕する国《日本国》を、創り上げることに成功しました。

すると今度は、欧米から本格的に成熟社会になった「この国の文化」を、見にやって来るようになりました。

欧米人だけでなく、最近では隣の韓国の人たちや中国の人たち、更に東南アジアやインド・中東など西アジアの人たちも、オセアニアやアフリカや南米の人たちまでが、興味深く観光と称し、或いは交流と称してやって来ます。

2016年の今年は、ちょうど2000万人、更に4年後の2020年（東京オリンピック開催時）には、倍増の4000万人以上、更に15年後には6000万人以上が、海外から日本を観にやって来る。そういう計画が、今政府から出されております。

もちろん、日本にやって来る人たちの目的はまちまちでしょう。だが、多くの人たちが、何がしかの自分たちと違う、或いは自分たちにはなかった「日本人が持っている《異文化の姿》」を、掴んで行こうとしていることは間違いないでしょう。

私たちが百数十年かあるいは何十年か前に、懸命に欧米を訪れて彼らの文化的価値を吸収して来たと同じことを、今度は逆に彼らから求められていると考えなければなりません。辞を低くして「日本に来て下さい」と、お辞儀をしているだけのような発想では、彼らの期待に応えられません。

**＊欧米文化の原像、その「大陸主義」を理解すること**

そこで必要なのが、彼らの発想やモノの考え方を、この際しっかりと理解しておくことです。

明治維新後、多くのお雇い外国人として、日本にやって来た西欧諸国のエリートたちが、厳しく「西欧の文明・文化の中身も理解せずに、かたちだけ輸入しようとしても駄目だ」と、厳しく指摘したように、今度は日本にやって来る多くの外国人に、「日本文化の神髄を学んでもらいたい」と、呼び掛けるべきだと私は考えております。

そういう形のある「ハード」の面ではない、精神的或いは思想的な「ソフト」の面を理解してもらう必要があります。別の言葉でいえば、それが「日本の文化」を理解してもらうことであると思います。

そのためには、私たちは自分たちの「日本文化」に対峙する形の、冒頭に述べたような彼らの文化、すなわち欧米人の「モノの考え方」を先ず知る必要があります。

このような場合、私は手元に何時も『西洋文明の原像』（木村尚三郎著）を用意しておくことにしています。この本はすでに永眠された木村氏が、１９８８年冷戦の終結を見越して、現在のＥＵが必ず誕生するであろうと考えた上で、それまでの学究的蓄積を文化史的に纏めた名著だと思います。

木村氏の課題の原典は、当時すでに戦後米国に依存しながら、逆に「アジアで孤立しかねないわが国の姿」を見て取り、「西欧が大きく国家の枠組みを超えて、古代からの歴史に学び、再び大きく統合協調していく『大陸主義』の伝統に前進し始めた」という示唆でありました。わが国の進歩的と称される芸術家や学者やそして政治家が、一国平和主義の殻に閉じこもり、動こうとしない姿に大きな疑問を投げつけているように思います。これが、すでに今から26年も前の著作でありながら、現在でもそのまま役に立つ論理建てになっているのは、東西文明の流れを透徹した見方で俯瞰することが出来た、木村氏ならではの直感的着眼点によるものと言えます。

〈注記〉

但し、後ほど触れますが、この木村氏の考え方が、彼がこの著作を纏めた26年前には全く想像も出来なかったと思われる、インターネットを前提とした「ＩｏＴ」と「ＡＩ」の急速な進化であります。私たちは、この新たな嵐の前に立たされつつある現実を、木村氏の指摘を前提にしつつ一層前向きに考えなければならないという点を、再確認する必要があるように思われます。

私は、だからこそ《今現在、そしてこれから欧米の文明・文化に染まった人たちが、日本の文化（おもてなし）の思想を学びにわが国に大勢やって来る意義》が、あると強く感じております。結論として言えるのは、「おもてなし」の心がなければ、逆にこれからの《サイバー》を動かす情報機器に人類が支配されてしまうことになりかねないということです。

**＊西洋人と日本人の生活模様の違い**

木村氏が指摘する論理を、読者の方々に、出来るだけわかり易く説明するため、少し長くなりますが、前掲書の中からほんの一例を取り挙げてみます。但し、文章は私なりに多少要約したりしております。（注）前掲書３２０〜３２２頁参照

「安くて良い品の屋台に長い行列ができ、人々はじっと自分の番が来るのを待っている。

スーパーマーケットでも一般商店でも同じ。狭い道では、その行列と車とはとても親和的で、じりじりせずに避け合って笑顔さえ浮かべる。これが、パリのフランス人である。その姿は、スーパーのレジが劣っているからだと大声で怒鳴る人も居なければ、こんな狭い道に車を走らせる国の制度がなっていないと喚く通行人も居ない」

「もしこのようなゆったりした、人に対し、国家や社会に対し、そして機械に対して、つつねに己を持して来た人々が、ヨーロッパにおける市民の実像である。（これに対し）例えばば、今日の東京都民は、何と呼んだらよいのだろうか。セカセカと、あたかも追われる者の如く走り回り、苛立ち殺気立っている東京人。それでいて、心は常に傷付き易く、それだけにいったんハンドルを握れば機械によって、他の歩行者に対し優越感を覚える……それは、社会と自動機械のメカニズムに支配され、あるいはそこに己を進んで投入させることに拠って、生の充実感と人間性を失った悲しき放浪者である（中略）」

「日本人ひとりひとりが自己を失い、全く無抵抗に機械の奴隷になり果て乍ら、主観的にはこれを意識しないのは、少なくとも江戸時代以来、一貫してかわらない『人並み意識』が高度産業社会の中で増幅されつつあるからである。（中略）ピカピカに磨かれた日本の自動車が、哀れな『人並み人間』を困苦の現世から救済する救世主、神であるのに対し、ヨーロッパの自動車は、人が動かす《はきもの》、いわば日常のゲタでしか無く、したがって大抵は埃だらけで汚い。(中略)」

「パリの地下鉄は、乗り降りの際、人間が手を掛けないと自動ドアが開かない（閉まる方は自動的に閉まる）のも、いずれも主人である人間が機械を使い、動かしているという精神のあらわれであろう（以下略)」

**＊文化の違いは、移動（ノマド）と農耕の地勢の歴史から**

和辻哲郎が『風土』の中で指摘したように、草原と森林に覆われ、広大な大陸を移動する遊牧民のことを「ノマド」と呼びます。その地勢的条件に基づく、その原典を踏まえたヨーロッパ人の人間としての生き様は、常に生まれ落ちてから一生を終えるまで、「わが身一つで試練に耐える」ということが、全ての基本にあります。それは、他の哺乳動物と同じく、何万年にも及ぶ歴史の過程において、「仮にもしも、移動中に群れから外れたりしたら、一人で生き抜いていかなければならない。誰にも助けてもらえない」という、厳しい試練が待ち受けているからです。或いは、大概のノマドの維持のための習わしとして、若者たちは何時何処で群れのリーダーの差配で、「これから一人立ちしろ」と言われることを覚悟しておくというような掟も存在しておりました。

これは逆に言えば、その場その時の変動に応じて、仕事も生活の基盤も違ったモノに変わっていくことを前提にして生きて行かねばならない。それが、西欧という地勢の土地で生まれた人たちの、「全ては自己責任において、完結して行かなければならない姿」であります。

一方、モンスーンの極めて厳しい自然条件を前提にした、島国に生を得た日本人の行動様式の原典は、彼等とは全く異なります。自分たちの土地、すなわち支配地において、外敵から集団を守るための固い絆と組織の掟が、全員が「衣食住」を充たし、安全に生きていくための、誠に必要な手段であったと考えられます。組織の中での役割分担も生活の重要な要素であり、命令や指令が組織系統を通じて伝達されるという固有の仕組みの中で、その組織に所属する個々人の責任と義務が生じて来ます。

こうした中で、数千年前から稲作を中心とする「農耕制度とそのための技術技能」が入って来ると、春夏秋冬に亘る集団全員の協調協力のための組織的行動が、最も重要な政策手段に転化していきました。こうして、西欧世界におけるノマドの集団とは全く異なる「生活文化」が、誕生していったということです。

# 第3編　非対称的突発性に対応する「動物的野生的」な6つのS感覚が生まれた理由を探る

ここでは、私たち日本人が、「日本列島という小さな島々（列島）」と、その列島が地球の北半球の、しかも「モンスーン的風土」と称する独特の自然条件に影響されて、何十万年何万年とも言われる歴史の中で、次第に《独特の感覚》を持った人間になったということを述べたいと思います。しかも、前述した和辻哲郎が指摘したモンスーンの特殊な風土が持つ地勢には、地震災害に代表される「突発性」と、四季の変動に対応する「定期性」との二重性に基づいて、日本人は組織的に生き抜いて来ました。すなわち、二つのそれぞれの特別な感覚能力を育成してきたと思います。何故、こんなことが必要かと言えば、「おもてなし」とは、殆ど全ては自分の相手が瞬間的に、更に持続的に《親近感を持ってくれるかどうか》という、正に「感覚的判断」に左右されるからです。このことを私は、上述の風土的地勢が生み出した「突発性」への動物的野生的な対応能力だと考え、それを《6つのS感覚》と呼ぶこととしました。

具体的には、聴覚・欲覚・気覚・知覚・先覚・才覚です。もちろん、これらが日本人の《おもてなし》という文化を創り出した、基礎的な知恵だということです。

以下、それぞれをわかり易く説明しましょう。

**図4**「『6・6』革命の原理（そのI）《地震災害・事件等の突発的対応のための感覚》

図4.「6・6」革命の原理（そのⅠ）
《地震災害、事件等の突発的対応のための感覚》

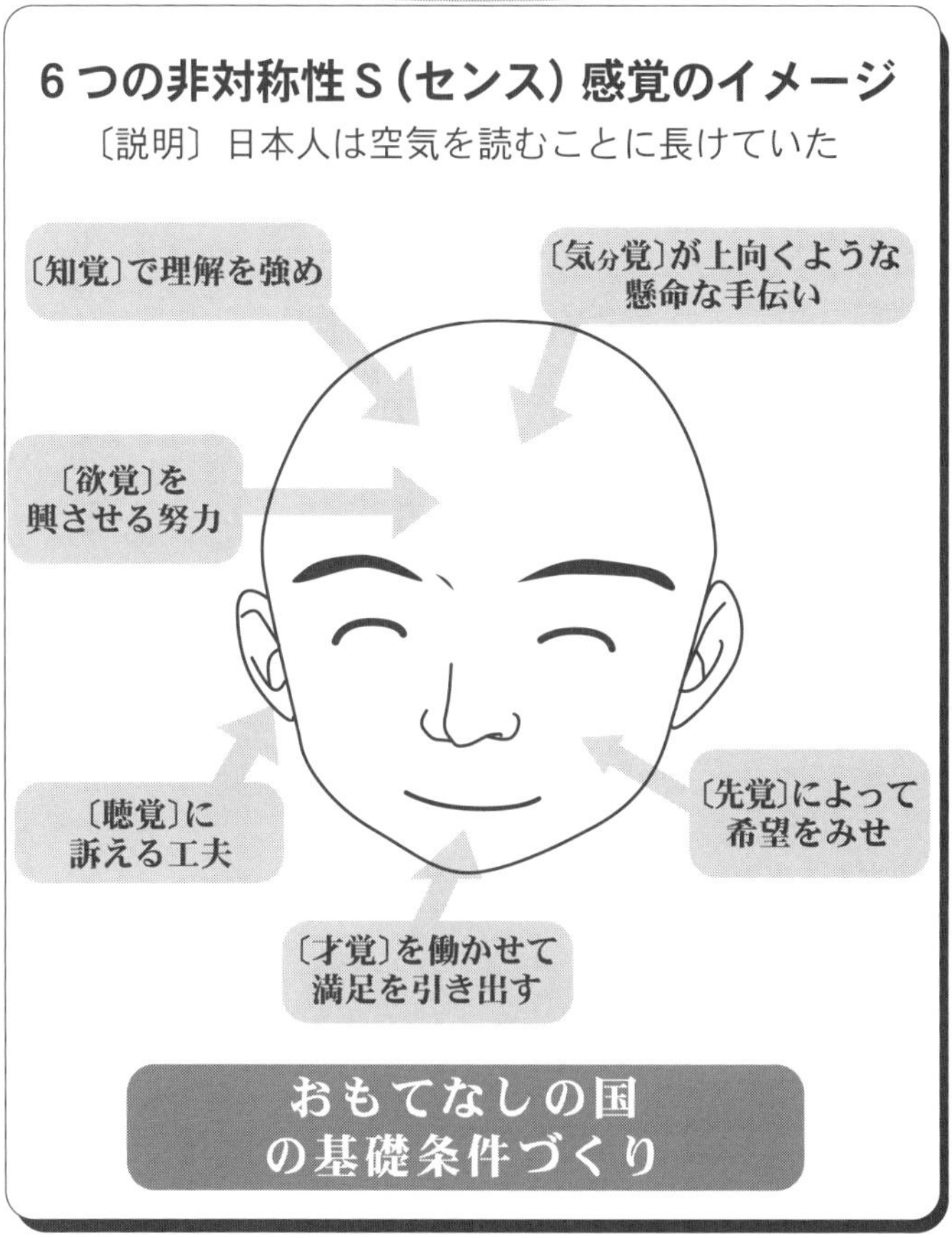


《動物的野性的本能から出る感覚》

に、6つの非対称性S（センス）感覚のイメージ」を示しておきました。本来ならば、「S感覚」は、動物的、野生的な感覚ですから、図4はもっと厳しい顔付きの方が似合っていると思います。しかし、逆に、いつも不安そうな顔付きでいては、神経が参ってしまいます。この図のように、ゆったりと余裕を持っていたいという願望がこの絵に現れていると思って下さい。

## 1・島国&災害列島だから育った独特のS感覚の一つ「聴覚」

繰り返しになりますが、かつて和辻哲郎がアジアと西欧を見聞した後、その地勢的な違いを纏めました。その論文が『風土―人間学的考察』（昭和10年〔1935〕から11年間に亘り発表）ですが、彼はその中で「世界には少なくとも3つの異なった風土があること、そしてその風土によって、そこに住む人間の感情や動作が変わって来ること」を明確に示したのです。

しかも、それは人間が生きるための《どうしようもない習性となり文化を形作る》という意味の論理を展開しております。もちろん、この論文が発表された頃は、私は未だ4歳でしたので、知る由もありません。それから12年後は17才ぐらいですから高校2年生だったと思いますが、神田の古本屋でこの本を見つけました。アルバイト代を叩いて購入し、熱読したのを思い出します。

とにかく日本人は、災害が何時来るかもわからないという切迫感を背負って、何万年もの間過ごして来た、その過ごし方の中で、「危険を予知すること」が情報手段として最も重要だったと思われます。このため危険の予知は、先ず「聴覚」に頼ることが最も重要であり、かつ必要なことでした。

・自分の耳を地面に当てて、微かな振動をも聞き分ける響く音
・変化する風の音や波の音
・耳鳴りのような海の彼方から響く音
・鳥や動物の動き回る音や鳴き声の変化の音
・河魚が跳ねる音
・虫の音や蛙たちの囀き方
・河の流れが変化する音
・風雨が敲きつける音

これらが全て、貴重な情報源だったのです。

この列島の何処かに定住して来た民族にとっては、それぞれの地域の地勢が全く異なる以上、それぞれの地方地域が「その場所しか適用できない」特殊な《聴覚による情報》をもっていました。

いざ災害がやって来るという前に、他の動物たちと同じように、すばやく「危険予知」が出来る野性的感覚を持った人財が多い程、その部族は他よりも優れた存在として、一層発展していったと思われます。

以上に対して、例えば「ノマド」と言われる大陸型の移動民族の場合は、日本人のような定住民族よりも、聴覚にはある面で鋭いかも知れません。鋭い人材がいたかも知れません。

しかし、彼らは次々に移動するわけですから、聴覚を鍛えるよりも寧ろ、《戦闘能力》に優れた人材を持つことに力を入れざるを得ないのです。また移動しながら、次の居留地を確保する人材も必要でしょう。彼らの集団が、次第に専門家の役割を担うものになっていき、このため個人が自立的集団になったのではないかと私は解釈しております。西欧人の個人中心主義は、このようにして発達していったのではないでしょうか。よって、彼らは、移動しながら自分の才能を認めてくれる集団に、移転していくことが普通になって行ったと思われます。

このような移動民族の西欧人と違って、日本人のように、島国の中で災害を乗り越えて、特定の地域に定住し全員が協調協力していかねばならないという、組織型社会での民族だからこそ、殊の他《聴覚》が優れて育っていったということではないでしょうか。

## ２・領土を守るための「欲覚」の異常な発達

「欲覚」とは、「欲望覚」の略です。要するに、何万年かの歴史において、日本人とは、モンスーン型の厳しい条件の中で、辛くも生命の維持に成功して来た、言って見れば「とても我慢強い集団」であったことは間違いないでしょう。

「欲望」というと、何かあまり良くないことのように判断される向きがありますが、私はそうは思いません。どんな動物でも、自らの強い意志による欲望があってこそ持続的な生命力を保って行くわけですから、人間も同じです。その証拠に、私たち人間も生まれたての赤ちゃんの動作を考えて頂ければよくわかると思います。正に自分の意志で、本能的に行動しております。野性そのもの、すなわち「動物の本能そのもの」というのが、「欲望」の原点だと思います。

ところが、ここからが重要な話になりますが、その欲望のままに本能的に行動していた赤ちゃんが、動物的野生的に動けなくなるのは、どうしてでしょうか？

それは、間違いなく主として「赤ちゃんの母親の〈指導〉」が入るからです。

前述した人類学者で、総合研究大学院大学副学長の長谷川真理子教授によると、人間という動物は、他の哺乳類だけでなく野獣や鳥類などと違って、母親の母体の中で異常に頭脳が大きくなるため、早産する運命にあるそうです。このため、人間の子供は長い間に亘って、自分の母親に保護され且つ一人立ちするための教育を受ける必要がある……そういう、運命になっているということです。逆に言えば、「子育て」は両親の間違いなく義務であり責任なのです。

「躾（しつけ）」という言葉がありますが、一般的に述べれば赤ちゃんの母親は、自分が家庭や学校や、更に地域社会の伝統や文化によって、受け継がれて来た行動様式に従って、《赤ちゃんの本能的な欲望》を阻止したり、あるいは制約したりするのではないでしょうか。段々赤ちゃんが成長するにしたがって、母親だけでなく、家族の家風とか更に親戚や両親の友達等の影響も出て来るでしょう。

こうして、赤ちゃんは成長するに従って、この動物的野生的欲望が「母体が齎す人間的理性的制約」により、「疑似欲望覚」すなわち《欲望覚》↓《欲覚》に変わっていく、ということになるといえます。それがすなわち、第4編で説明します「人間的理性的なF感覚」の発揮につながっていくわけです。

人間という動物は、自分が生まれ落ちた「母親（家族）」そして、その家系の組織が存在する地域地方の歴史や伝統や慣習といったことを、様々に受け継いで成長していくということになるのです。このように、個々人の資質の原点は、こうした所にあるのです。

もうおわかりだと思いますが、従って「欲覚」は、その国や地域・地方の文化や伝統を、深く沁み込ませていると言ってもよいでしょう。

しかも、それぞれの地域の伝統的文化は勝手にあるのではなく、それぞれが基本的には、日本国という全体組織の伝統の基に、わが国としての規律や法律に結び付いていることは言うまでもありません。

そうした日本人の象徴的な伝統に基づく規律の現れが、例えば「日本人はサービスに対して一切《チップ》を取らない」という慣習になって表れていると思うわけです。例えばこうした点を列拠しますと、次のようにこれこそが、日本人の伝統的文化を反映した最高の「おもてなし」の一つだと思います。

＊忘れ物をした人がいれば、親切に直ぐに届けてあげる。
＊乗り物（電車、バス等）の座席は、お年寄りや身障者や妊婦などに譲ってあげる。
＊乗り物の乗り降りは、行列を作りマナーを守る。
＊飛行機や列車やバスはじめ、乗り物の運行は、時間通り正確に行う。

このような伝統を守り続けるべきだと思います。

ブラジルのリオデジャネイロで、この夏盛大なオリンピックが開催されましたが、海外からの観光客だけでなく、参加した各国のアスリートや選手団も、窃盗などの被害に悩まされたことが沢山報道されておりました。やっぱりこの国の国民性は変わっていないようです。それは私が25年も前に訪れた折りと、そう本質的にこの国の状況が変わっていないように思えるからです。

ちょうど環境問題について、日本が中心になり「京都議定書」が策定されたのがその2年後だったと思いますが、同じリオデジャネイロで世界中の関係者が集まり、その基本的な枠組みが纏められるという世界的な会合がありました。日本からは当時、竹下登首相が出席しておりました。

この頃はすでにわが国が、公害環境問題の先駆者として世界をリードするのだ、という意気込みも強かったのでしょう。政府だけでなく、民間の経済団体も積極的に参加し、主要経済3団体（経団連、商工会議所、経済同友会）が、その会議に参加しました。

私は、日本商工会議所から要請されて、3名の代表者の一人として、殆ど24時間以上かかってリオに行き、民間人として基調報告を致しました。しかし、先ほど述べたように、とても治安が悪いというので、空港からホテルまでパトカーに守られていたのを覚えています。また、当時も交差点の信号で車が停まった時の強盗や窃盗が一番多い。だから、絶対に車の窓は開けないようにと言われたのを思い出しました。

ブラジルのマナーは極端でしょうが、しかし世界中を仕事の関係で見てきた私の判断では、おそらく日本人ほど、他人に思いやりのある国民はいないのではないかと、正直にそう思っております。

すなわち、人間のセンス、すなわち「S感覚」の一つである『欲覚』を、理性によってコントロールすることが文化的素養となっていることが、立派な日本人の「おもてなし」を形成しているのは間違いないと考えます。

## 3・地震災害等突発性は、四季の変化にも影響し「気覚」を発達させた

次いで3番目には、S感覚の一つ、「気覚」を取り上げます。「気覚」は「気分覚」の省略です。

ご存知でしょうか。漢和辞典を開いて調べて見るとよくわかりますが、「気」という漢字が付く文字が如何に多いかがよくわかります。ちょっと挙げて見ましょう。

＊気韻　＊気宇　＊気鬱　＊気運　＊気鋭　＊気炎　＊気候　＊気骨　＊気根　＊気質
＊気性　＊気尚　＊気祥　＊気象　＊気丈　＊気色　＊気随　＊気数　＊気勢　＊気節
＊気絶　＊気息　＊気体　＊気転　＊気配　＊気迫　＊気魄　＊気品　＊気稟　＊気分
＊気味　＊気持　＊気脈　＊気量　＊気力　＊気概　＊気立　＊気心（以下略）

これだけでも、38文字があります。

（注）大修館「漢語新辞典」などより、引用しました。

ご覧のように、「気」が付いた文字のオンパレードです。

このように、少なくとも人間という哺乳動物は、気持や気力というような「センス」によって行動しているということです。別の考え方をすれば、日本人は起承転結に、これほど多くの配慮を「物事を考えるときに行なっている」ということであり、それほど精神的

に繊細な構造を、心のうちに秘めているというように見ても良いのではないでしょうか。

それを、私は「気覚」と考えました。

では何故、これほど多くの「気」という文字が生まれたのでしょうか。そこを、私たちは考えてみることが必要ではないかと思います。

私たちの祖先の人々は、モンスーンという厳しい風土の中で、降りかかる自然の脅威を、じっと身を潜めながら生き抜いていたのです。私たち日本人の伝統的な精神構造に、「目を瞑って全神経を暗闇の中で集中する姿勢」が、その儘組み込まれていると私は思います。私たちの先人たちが、これからどう行動しようかと途惑う状況が、このように沢山の「気」が付いた文字を生み出したものと思います。

繰り返しになりますが、結局それは日本という国家の成り立ち、すなわち日本列島のモンスーンという、《地勢》の諸条件に結び付くと思います。

その原点の一つには、この島国に定着した人たちが、この厳しいモンスーン地帯の気象条件である《四季の変化》だけではなく、地震や津波や火山噴火などの突発的な災害や事件に対応する感覚を育てて来たわけです。

「おもてなし」とは、こうやって日本人でなければ創造出来ない基礎的文化の上に構築されたものだと言えるのではないでしょうか。

## 4・天皇制はS感覚の知的センス《知覚》と結び付いている

最近のことですが、天皇陛下が8月8日午後「生前譲位」のお気持ちを国民の前に表明されたことを受け、8月9日の朝刊各紙は一面トップで大々的にそれを報じました。もちろん、テレビやラジオ、それに殆どのネットサイトも取り上げました。海外でも世界中が、このニュースを最大限に報道しておりました。韓国や中国の公共放送も、10分間の天皇陛下の言葉をそのまま流しました。

このことは極めて重要なことであり、わが国の歴史上の出来事の一つとして、これから長い間に亘って注目され、また取り上げられることかと思います。私のような素人には本件を論じる資格はありません。

しかしながら、憲法にも規定されている、わが国の天皇制という組織化した社会のシステムとしての根本構造が、ここで採り上げている「S感覚の知的センス《知覚》」というかたちによって造られたと私は考えております。日本という国家の地勢が決めた不可抗力的突発事故や事件に対応するための、「人間という動物集団の本能的な防御防衛の要請」。

それが《知覚》という手段で、「この国の永遠の安定安全を保証」する制度、すなわち「天皇制」を生み出したといえるのではないでしょうか。しかも「天皇制」は、このＳ感覚だけで成り立ったのではありません。Ｓ感覚だけだと、いわゆる野性動物の世界と同じく、トップリーダーが老令化したりして力が衰えると、より強いリーダに取って替わります。すなわち、中国の皇帝制度や朝鮮の王朝制度は、正に動物の世界と同じく、組織のリーダーの力が劣って来ると、新しいより力の強いリーダーが新皇帝や新王朝を名乗って、国を支配するようになりました。ところが、日本ではＳ感覚だけではなく、次に説明するＦ感覚、すなわち「人間的理性的」な感覚が働いて、永遠に変わることのない「天皇制」を生み出したのです。

わが国は長い間に亘って、隣国大陸の中国や朝鮮から基本的な衣食住についてのしきたりや組織制度について、具体的な内容を学んできました。また、基本的な精神構造というもの、すなわちもっとわかり易くいえば、思想とか哲学或いは宗教というようなことについても、どんどん輸入してきたわけです。

儒教ということについても、また論語という言葉も、それに大変重要な「漢字」という言語の基本についても、真剣に学んだのです。《朝貢》という言葉に現れている通り、わが国は中国という先進文明国に、真剣に教えを請いに行ったのです。

だがわが国の当時のリーダーたちは、そのまま制度や思想を輸入するのではなく、自分の風土に合うように考えて来ました。すなわちこうして海外の先進文明に学びながら、日本という国の体制を整えていったのです。それが、漸く定着したのは「日本という国」の歴史書が初めて作られた8世紀初頭だと、私は思っております。その歴史書とは、『古事記』(712年)や『日本紀』(720年)のことです。

(注)『日本紀』は、その後続編が続けて作られていることから、『日本書紀』とも言います。

しかも、私が最も注目するのは、この『古事記』或いは『日本紀』という日本の「正統な歴史書」の創り方です。そこにあるのは、《天皇》という日本の「主柱」すなわち中心的存在は、決して変わらないという創り方をした点です。

勝手なことを述べると、専門の歴史学者の方などにお叱りを受けるかも知れませんが、古事記や日本紀は、当時その50年ぐらい前、672年に起きた壬申(じんしん)の乱などで、宮殿の書庫が完全に焼け落ち、過去の記録が消失していたと言われております。とすると、どうでしょうか。

おそらく伝承ということが行なわれていたと考えられます。しかしながら、初代のわが国の天皇と言われる《神武天皇》は、何と古事記が作成された時から１３８０年前の「西暦紀元前の６６０年」に即位したということになっております。

要するに、７１２年に古事記が創られた時は、女性の「元明天皇」ですが、そこまで初代の「神武天皇」以来42人の天皇陛下が、「途切れることなく」即位し就任していたとされております。

そして、その後今日まで１３０４年を経ておりますが、現在の平成天皇陛下（今上天皇と言う）まで、83代の天皇がこれまた全く途切れることなく天皇の位を継いできております。前述の42名に83名、合計１２５名の天皇陛下が継続して全く変わることなく、トップにいるというのが、この国の特徴です。そういう歴史を造って来ました。こんな国は世界広しといえども他にはありません。

わが国が、色々な制度や思想や文字や文化などを学んできたのは、中華帝国（中国）、それに朝鮮王朝です。もちろん、それぞれの国を治めた日本の天皇に当たる「皇帝」や「王」がおりました。しかし日本と違って、先程も述べたようにこれらの国の皇帝や王朝は、新しい支配者に滅ぼされて完全に途切れて次の時代に代わって行くという歴史を重ねております。だが、日本はこうしたことをしなかったのです。

最初の頃は自ら天皇が国のリーダーとして政治をリードした時期がありました。しかし、徐々に国家の「政務」は、俗な言い方をすれば政治の専門家に任せて、天皇自らは「象徴的存在」となって、この国を治めてきました。いずれにしても、前述の通り、集団の生命を維持発展させるという、S感覚というあらゆる動物の本能的野性的な原理原則だけではなく、人間的理性的なF感覚の充分な補充を受けて、「国家のトップを変えないという精神構造と制度」が、この国に誕生し定着したのです。

これこそ、日本人の素晴らしい「知覚」によるものと私は考えております。

何故でしょうか?

理由は、いろいろ考えられますが、再度改めて述べますと、基本的にはモンスーン地域に位置するという「地勢」、その風土が齎す、四季の厳しい変化に耐えなければならないという、《島国の掟》を踏まえてみる必要があると考えております。

中国のような大陸性気候と違って、地震・津波・火山爆発・台風・大雨・大雪・雷雨・吹雪そして山火事や猛獣などの被害等々が、日本列島は激しく変化する気象条件に常に晒されております。こうした状況下では、他の国のように政権が途切れ変化していたのでは、そこに住む集団がそれらの災害や事件に対抗することが出来なくなります。政権が変わらないという、暗黙の掟、或いは了解があって、初めて安心して災害対策にも当たれるということが可能になります。

ここに、《神道》という、日本古来の伝統の文化的信仰が結び付き、変わることのない「天皇制」を大きく支えて行くことになったと考えられます。

後ほど、Ｆ感覚の説明の中でも触れますが、特に人口が増えて稲作農業が定着し始めると、神道思想に基づく、いわゆる《神事》が春夏秋冬の稲作事業と結び付いて、農民が行なう各地のお祭り行事を掘り起し、伝統的な日本の文化が一種の文明的な光を発することになって行ったと私は考えております。

## ５・災害列島がもたらした「先覚」の知恵

日本列島という、他の地球の場所では見られない、《災害列島》と表現してもよいような、この国の風土的特色は、すでに前節で述べた通りですが、私たちの祖先である先人達は、その「何時やって来るかわからない災害」を、唯待つだけではもちろんなかったと思います。

敢えて「先覚」という言葉を使いましたが、日本人は他の国の如何なる民族よりも、深くかつ広く「知的センス」を働かせて、わが国の《感覚文明》を育てて来たと考えられます。この「先覚」も、当然のことながら人間の本能と結び付いた動物的野性的な要請と結び付いております。以下、この点について考えてみることにしましょう。

和辻哲郎が述べた「台風的忍従性」に加えて、地震災害等の突発的な災害に対しても、忍従の中で常に、これからどのように自分は行動すべきかという「知的感覚」を働かせる時間を与えることが、ここでいう「先覚」をかたち創ったものと言えます。長い間の日本の歴史上の出来事が、このことを示していると言えるでしょう。ここでは、以下の3つの事例を示したいと思います。

第1には、今年九州で起きた熊本激甚災害で大きな被害を受けた、熊本城を築城した著名な大名・加藤清正の「先覚的事例」を取り上げます。

第2には、世界で初めてアメリカと殆ど同時に「電気」を導入した、わが国の「先覚的知恵」です。

第3には、あの東日本大震災の折り、アメリカが創った原子力発電所は残念ながら未曾有の津波に呑み込まれましたが、日本人が造った原子力発電所は「先覚的知恵」によって、全く被害を受けなかったことです。

**＊加藤清正の事例**

現在3期目に入った蒲島郁夫熊本県知事が、初めて知事に当選した時のマニフェストに、県の財政赤字を早期になくし、県民の安心安全と幸福を最優先する政策を打ちだしました。未解決の、川辺ダム建設の中止や水俣病の解決促進などを進める一方、自らの給料も毎月１００万円減らすと度肝を抜く宣言をし、その本気度を示しました。同時に、企業の海外貿易を盛んにして、豊かな農産物や水産品などを輸出し、稼ぐ必要があると宣言していました。

私が、８年前の２００８年11月に面談した折り、蒲島知事は次のように述べております。

「私は、熊本城を造った加藤清正に習って、熊本を中心に直接もっと今までより多く、海外との貿易や交流を是非盛んに行う必要があると思います」。

加藤清正が熊本城を築城したのは、関ヶ原の戦い（西暦１６００年）よりも、2年も早い慶長4年（１５９８）でした。完成したのは、慶長12年（１６０７）という記録が残っています。一説には、築城を始めたのは関ヶ原の合戦の年だとも言われていますが、いずれにしても7年ないし9年間をかけて出来上がった名城です。しかし、こんな大きな内戦の最中に、よくもこのような大工事を行なったものと、蒲島知事と話し合ったのを覚えております。

ところでこの時知事は、更に具体的に以下のように話してくれました。

「先ほどの海外貿易との関連ですが、先ず清正が行なったように、足元のインフラの整備が急務だと考えています。清正の時代も、足元のインフラの整備が急務だったと考えます。治水や土木工事による災害の防止と水田の開拓開墾、更には立派な安心安全な街創りによる商売の繁盛などだったと思います」。

実際に清正は、こうして整えた田畑の収穫物を、熊本城を築城した時期と同じころ、ご朱印船を建造して現在のタイ・ベトナム・カンボジアなどとの交易を行ない、そこで得た売り上げを基にお城の築城資金の一部にしたともいわれております。

「今の私にも、この清正同様の仕事の継続は当然重要でありますが、しかしそれと共に、グローバル化に勝ち抜くための、様々の近代的なインフラの整備が必要です。例えば環境問題を克服しながら、同時に観光日本一の熊本を実現するには、常に現代人に必要なＩＴ関連のサービスで、海外から見えたお客さんに即座に満足していただけるような仕組みを創り上げる必要があると考えます」。

蒲島知事は、笑顔で「何事にもめげず、県民の幸福を齎すために《創造的な改革を進めていく》という意気込み」を、このような表現で応えてくれました。

（注）以上は、永野芳宣著『蒲島郁夫の思い』（財界研究所）から引用しました。

このように、蒲島郁夫熊本県知事は、８年も前に正に《先覚》的に「インフラの整備」と「海外貿易と交流」の必要性を強調しておりました。しかも、そうしたことを推進する添加剤として、その2年後に「ゆるキャラ」の「くまモン」を創造します。その「くまモン」は、ものすごい力を発揮しております。

だが、歴史には思わぬことが突然起きます。それは特に、モンスーン地帯に位置する日本の宿命なのです。

まさかと思われました。２０１６年4月14日21時26分から始まった、１万年に一度という「熊本激甚災害」は、この原稿を書いている5か月後の8月も未だ完全に収まってはおりません。この地域の震度3レベルから7レベルまでの地震回数は何と６００回以上、震度１以上が2千回にも及んでいるという異常なものです。

しかし、蒲島知事の行動は、実に見事であり早かった。翌日には、寸断されたライフラインの早期復旧を図るため、西部地区自衛隊の出動を要請しました。同時に、電気・ガス・水道の復旧を関係方面に依頼しました。このため、先ず何としても停電した24万６００世帯の即時復旧に全力を投入しました。

九州電力は、沖縄から北海道まで全ての電力会社に救援を要請。１０００台以上の電源車を、全国から緊急に呼び寄せて、倒壊した電柱の復旧など徹夜で突貫工事を実施しました。このため、僅かに4日間で完全に停電をなくすことが出来、その後の復旧・復興に大きく貢献出来たと言えます。

更に蒲島知事は、地震発生の4日後には、著名有識者を東京から呼び集め、熊本地震復旧復興緊急対策会議を開き、１週間後には五百旗頭真座長から提言書を受け取りました。その提言の中に、上述の知事がすでに8年前に宣言していた《創造的な改革を進めていく》ということが、書かれておりました。正に、ハーバード大学で共に学んだ盟友同士の、素晴らしい協調ぶりだと言えます。

**＊電気を興した渋沢栄一の例**

「先覚」についての第2の事例は、日本という東洋の半開の国が、20世紀の前半に急激に欧米先進国に追いつき、互角の立場にもなれるきっかけを創ったことと関係がある出来事です。それは《電気》の導入と、その俊敏な利用ということです。

嘉永6年（１８５３）と言えば、アメリカのアジア太平洋艦隊提督のコモドール・ペリーが黒船で日本にやって来た年ですが、その頃既に欧米では「電気を照明にするためのフィラメント」の研究が開花しておりました。それを、積極的に捉え推進したのがアメリカの科学者エジソンでした。エジソンは、明治10年（１８７７）ニューヨークで電灯会社を設立します。3年後には、石炭火力を電源とした電気を送電し、数十世帯に白熱電灯を灯しました。

一方わが国では、明治維新（１８６８）の直後から電気についての情報を得ると、その研究に政府が積極的に取り組みました。その結果、明治10年（１８７７）工部大学校で、イギリスの学者を招いて白熱電灯の実験を行い、「近い将来世の中を明るくする」と宣言しました。

この動きを素早く捉えたのが、事業家の渋沢栄一でした。彼は、エジソンの電灯会社に遅れること僅かに2年後の明治15年（１８８２）、東京電燈株式会社を設立。エジソンと同じく石炭火力を建設して、東京の麹町一帯の20軒程度に白熱電灯を灯しました。もちろん、これがローソクに代わる革命的な、「人工の光」の提供であったことは言うまでもありません。

しかも、渋沢の狙いは、電気の利用が単にローソクの代替と言うことだけではなかったのです。明治10年（1877）と言えば、薩摩出身の同志であった明治維新の立役者、大久保利通と西郷隆盛の2人が対立し、わが国最後の内戦と言われる「西南戦争」が行なわれた年です。この同じ年、渋沢栄一は陸奥宗光の力を得て、古河市兵衛が興した足尾銅山の開発を本格的に事業化しようと考えておりました。要するに、鉱山の掘削に電気を動力として使うことを画策していたのです。すなわち、明治から大正時代にかけて、当時わが国の高品質の「銅」の輸出は、世界における銅の輸出量の3割近くを占め、国際的な標準としてブランド化されていました。（注）そのことは、拙著「小説・古河市兵衛」（中央公論新社）に詳しく述べております。

このようにわが国は、《先覚》的に電気を取り入れ、電灯だけでなく、産業の動力として活用したことが、戦前欧米に劣らない大国になることが出来た、大変大きな出来事だったのです。私は、この「電気」の積極的導入をあえて日本人の動物的野生的な感覚に基づくものだと考えた次第です。

## 6・匠の技術を生み出した「才覚」の重要さ

６つのＳ感覚の最後に、「才覚」がモンスーン地帯の日本人の感覚にとり、大きな特徴であることを取り上げたいと思います。これも、私はあくまで日本人の本能に基づく動物的野生的な感覚と結び付いていると考えました。

最近日本の和食が、世界中で評判になっています。欧米だけでなく、アジア各国でも日本の調理師が腕を振るっているという話が、日常的な話題になる状況です。そういうわけで、高年齢になるに従ってどちらかと言うと、「洋食」を好んでいる私も興味が湧いて「和食」にも興味を持つようになり、本も少し読んだりしています。

ところが最近読んだ「和食」に関する本の中に、正に日本人が「才覚」を働かせねば、このモンスーンの列島の中でおそらく生き抜くことが出来なかったという趣旨のことが述べてあったのです。以下に、要点を紹介します。

「日本は、温帯地域にあって四方を海に囲まれ南北に長く、中心は火山帯が走り山脈が連なっています。欧米のように東西に幅広い大陸とは国自体の形が違います。山間部の人々は神々しい山々の頂上をいつも仰ぎ見ながら、天体の動き、山々の変化、湧き水、雪解け水、あらゆる動植物の観察、樹木の手入れ、無駄のない開墾、美しい棚田などを各地に作って来ました。一方、海岸に住む人々も生活の糧を得るために、天体の動きや潮の流れなどを観察しながら『板戸一枚下は地獄』の恐怖の中で、生活の糧を得る漁業を盛んにしながら船作りの技術も発展させて来たのです」。

そして、更にここからが重要ですが、次のように続けて述べております。

「高い屋根や塔の上で働く鳶職の男たちは伝統と技術を守りながら、鍛えられた技を発揮しながら数千年も耐え得る建造物を残して呉れています。（以下略）」。

（注）兎龍　都著「和食の原点」8頁より引用

これらの文章が、日本人は如何に《才覚》を働かせて自然と戦い、その上で自然を寧ろ利用して、生き延びて来ているかをよくも表していると思いましたので、敢えてそのニュアンスをそのまま書き写させてもらった次第です。

寧ろこうした、《才覚》がなかったら、前述の《先覚》も生み出せなかったとさえ考えられます。

一方また《才覚》とは、何か物事の裏をかいて騙し討ちにするようなイメージがあります。しかしその認識は誤りです。

すなわち、漢和辞典を用いて、「才覚」の意味を示すと次のように説明されています。

①知力の働き。機転。②くめん。工夫。考え。（注）漢語新辞典〔大修館書店〕

この中で特に《知力の働き》と《機転》という２つの言葉が、とても重要なポイントではないかと思います。この日本列島に住み着いた人たちは、突然起きる災害の中で、生き残るために懸命に知力を働かせて、かつ機転を利かせなければならなかったはずです。いずれにしても、《才覚》は日本人にとってとても必要かつ重要な「感覚」の１つであることは、間違いないでしょう。

# 第4編

# 対称的四季の変動に対応する「人間的理性的」な6つのF感覚が何故日本人に強いのか

前編では、6つのセンスに繋がる、すなわち突発する非対照的な「動物的かつ野性的な本能」が醸し出す「S感覚」について述べましたが、さてこの第4編では、モンスーンの四季の変動変化に対応しなければならない対称的・定形型の、もっと私たちの直接人間の肌・鼻・口で受け取る（ここではフィーリングと考えましたが）、「人間的かつ理性的」な、あるいは実感的なと言ってもよいと思いますが、そうしたことを現わす「F感覚」について、述べたいと思います。

具体的には、ここも同じく6感覚、すなわち「視覚」「味覚」「触覚」「臭覚」「円覚」「後覚」について、日本人しか持ち得ないような、特殊のフィーリング感覚を説明したいと思います。

**図5**「『6・6』革命の原理（そのII）《モンスーンの四季の変動変化に対応するための感覚》6つの『人間的かつ理性的』な対応性F（フィーリング）感覚のイメージ」を、参考にして頂きたいと思います。

## 1・F感覚は「稲作」づくりのしきたりと重なる

稲作というものがいつ頃から始まったのかは、未だに学者の中でも議論があるようで

## 図5.「6･6」革命の原理（そのⅡ）
《モンスーンの四季の変動変化に対応するための感覚》

### 6つの対称性F（フィーリング）感覚のイメージ

〔説明〕日本人は微妙な「旨味《うまみ》」を6つのフィーリングで認知してきた

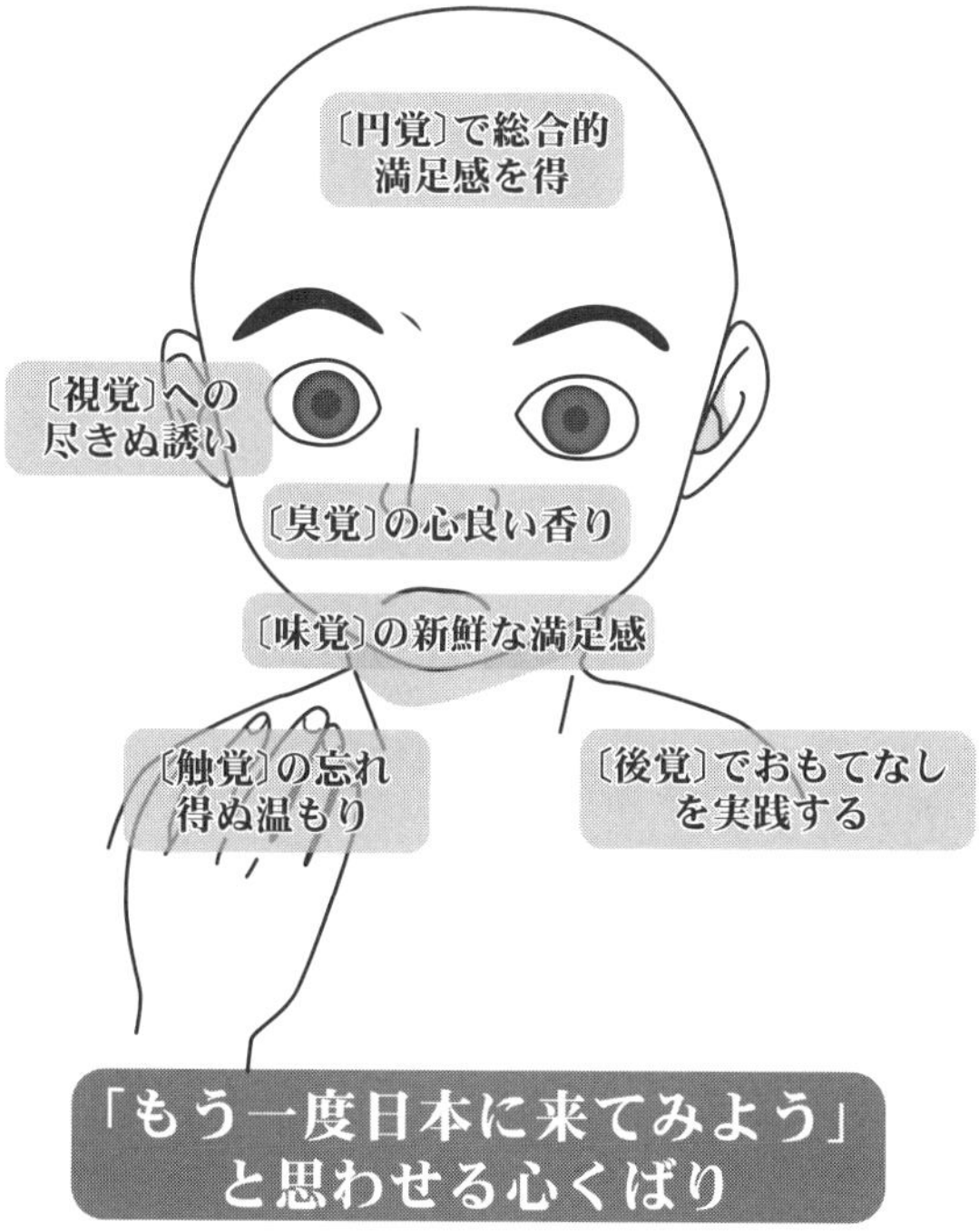


《人間的理性的な働きから発する感覚》

す。

しかし、わが国の神話である『古事記』や『日本紀』に謳われている、この国の初代の天皇である「天照大御神」が、政権の座に就いたとされる紀元前（ＢＣ）６６０年には、すでに稲作に纏わる「祀りごと」が行なわれていたことになっています。

稲作という、極めて重要な「農業生産体制」を基本に据えるということを著す、その祀りの儀式が、当時おそらく「倭の国」と称されていた日本で執り行われていたというのは、何を著しているのだろうか……そういう着眼が、とても重要なのであります。

もちろん、幾つかの視点がありますが、第一には「稲作」ということを中心にした農業生産体制は、神武天皇即位のおそらく2千年ぐらい前、すなわち歴史にいう「縄文時代初期」に打ち立てられたのではないかと考えてもおかしくはないと思われます。細長い日本列島が、いわゆる「大和朝廷」によって統一されたのが神武天皇の即位であります。

人類の祖先が産声を上げたのち、何百万年もかかって現在の知能を持った人間に進化しながら、この細長い日本列島の支配者に君臨するには、大変長い間の想像を絶するような苦労があったと思われます。その過程で、日本人の「Ｆ感覚」すなわち「視覚、味覚、触覚、臭覚、円覚、後覚」を働かせながら、懸命に情報を収集し、新たな危険の可能性を早めに察知して、家族仲間の無事、ひいては民族全体の《安寧を確保するため》の手段を固めていったのではないかと思われます。

この「安寧確保」には何が一番重要であったかと言えば、いうまでもなく「組織力」であると思います。「組織力」とは、すなわち自分のグループの個々人を統括する手段のことです。しかも、そのことが自然の摂理を反映して、日本列島に定着した人々の共同体が組織的に纏まり、かつ行動することを象徴的に生み出せるのが、「稲作」の際の組織行動であったといえます。

**＊種もみの選定と保存（冬季）↓＊稲の作付すなわち田植え（春季）↓＊水田と稲の成長管理（夏季）↓＊黄金の実りと稲の収穫（秋季）**

ここにおいて私たちが考えなければならないのは、この綿密な「稲作の生産管理」が、無事に1年間を通じて行われるためには、何が最も重要であり、かつまた、どのような対応が正に必要だったかということです。何故なら、そこにおいて重要な視点が、言うまでもなく「モンスーン地帯」であり、かつ、この列島が宿命的に持っている「火山噴火＆地殻変動多発＆台風」という、《三重苦》を背負っているということを如何に克服するかという重要事項につながるからです。

その《三重苦》から逃れられない住民にとっては、「事件に巻き込まれないように、素早く行動する」ということが、最大最高の延命策だったということであります。よって、私たち祖先の先住民族にとっては、自分たちのいわゆる《五感》を働かせるということだったという点です。それが充分におわかり頂けると思います。すでに述べた通り、私はこの「12感覚」を2つに分けました。1つが「S（センス）感覚」。これは、地震に代表される日本列島の火山帯性が原因で生じる自然現象であり、未だにこの災害の「突発性」は、人知を尽くしても予断しかねる状況です。このために、日本人が備えている特殊な感覚です。もう一つが、日本列島の「モンスーン」という特異な地勢から発生する春夏秋冬という「四季」の変動変化への対応感覚です。これは、毎年定形型の「6つのF感覚」を育てて来ました。もちろん、毎年の四季の変動変化は、激しく異なります。

このように、私はそれを「五感」ではなく、「6つのS（センス）感覚→聴覚・欲覚・気覚・知覚・先覚・才覚」と、「6つのF（フィーリング）感覚→聴覚・味覚・触覚・臭覚・円覚・後覚」という、全部で12感覚にまで広げて、日本人はあらゆる災害や事件や事故に対応して来たのではないかと考えた次第です。

逆に言えば、正に1年間を通じる、すなわち人間の「年間サイクル」を定期的に廻していく「稲作事業」という組織行動が生まれ出たことで、それを永続的に維持発展させていくという「日本人の使命感」の達成のために、６つのＳ感覚とは違って、むしろあくまで「人間的かつ理性的」な要請から出て来る「６つのＦ感覚」が、日本人の生まれながらの体質の中に本能的に組み込まれて行ったとさえも言えるのではないかと考える次第です。

その上で《十二分に》と言いますが、前編の６つのＳ感覚と、ここで述べる６つのＦ感覚を全て発揮することが、本当の「おもてなし」に繋がることだと思います。

## ２・武士道の発達と結び付いたＦ感覚

最近は、ケイタイやスマホの情報は言うまでもなく、新聞雑誌をはじめ、あらゆる分野の情報とコミュニケーション手段が、正にインターネットによって齎されるようになりました。情報源が、ＩｏＴによって綺麗にしかもあっという間に整理され、しかも人工知能（ＡＩ）が優劣を選択してくれます。

「こんな便利な世の中が来るなんて」と、充実感を持たれる方がおられるでしょう。だが一方では、私たち人類にとっては、とても心配なことでもあります。

それは、長い間に亘って私たちが色々な「感覚」を働かせて得て来た、人間の機能が徐々に低下していくことに繋がりかねない、という心配です。特に、日本人は今まで述べて来たように、モンスーン地帯の厳しい地勢的条件の中で生き残るために、特殊な……すなわち、私の判断では「6S＋6F」という12の、極めて繊細かつ大量のエネルギーと神経を使うことによって、それが日本人ひとりひとりの優れた能力となっているわけです。だが、今の世の中では、必要な情報を得るために、そんなきめ細かな感覚の働きは必要ではなくなりました。寧ろ、必要な人間の感覚は、インターネットの操作と利用に向かっております。果たして、それでよいのかという疑問を呈しておきたいと思います。

例えば、もしも人間が益々頼りにしているインターネットという手段が、その中心的インフラに結び付く機械や機器の故障などで、全く使えなくなった時どうするのか。昔ほど感覚機能が達者ではなくなった人間は、その状態では必要な判断力とか決断力に、陰りが生じることになりかねません。そういうことにならないためにも、改めて私はここで述べるF感覚の、一層の重要性を強調しておきたいと思います。

さて、今ここで採り上げているのは、視覚・味覚・触覚・臭覚・円覚・後覚という6つのF（フィーリング）感覚が生まれ、かつ強くなった根拠を、「武士道」というあくまで崇高な理性的要請が日本列島にしか育たなかったのか。こうした極めて高い価値の「文化遺産」に結び付けて考えてみようとしているわけです。

何故に「武士道」が、この列島に生息した日本人の特殊な理性的「感覚」の発達に結び付くのか。そんな考え方を提起した学者も専門家もおりません。また、「武士道」を説いた専門書などを読んでも、「感覚」の発達や状態と関係するような記述は皆無でしょう。

然し乍ら、「武士道」を生んだのは、歴史上この日本列島に生まれ、そして生活に活躍した「武士（サムライ）という人間の集団」であることを、是非考えて頂きたいと思います。そして、その伝統的な武士（サムライ）の生き方を象徴するのが「武士道」です。

（注）新渡戸稲造が伝えたもの

だが「武士道」とは、ご存知のように「何ら実体的な形を持たないが、そこに道徳的な雰囲気の香りを漂わせている」（注）、そういう言葉として存在し、日本という国の文化を象徴していることは間違いないでしょう。（注）新渡戸稲造著『武士道』の現代語訳（ちくま新書）の冒頭の言葉から引用。

このように、当時においては間違いなく「武士道」という、かつて現実にこの国の中核的存在となっていた一種の道徳律がありました。その道徳律にしたがって、この国の組織力を確実にかつ安定的に進めるために、当時の武士階級が、しっかりとその役割を果たしたことは、間違いないと言えます。

しかも、封建社会は完全な「階級社会」でした。当時の底辺に位置付けられた「農民（百姓）」の家に生まれた者は、そこから抜け出すことは出来なかったのです。また特に、その組織社会を守る役割を担った「武士（サムライ）」は、そのために厳しい訓練をしたに違いありません。

しかしながら「武士道」は、そのための成文法を持っているわけではありません。長い間のしきたりによって、中味が固まっていったものです。このため、外交官のような役割で国際的に活躍していた新渡戸稲造は、色々と猛勉強をしたようです。

その結果、新渡戸が外国人に「武士道」とは何かを伝えるために英文で、『BUSHIDO the Soul of Japan』という本を著しました。明治32年（１８９９）ですから、今から１１７年も前のことです。

読んでみると、「武士（サムライ）」が守るべき掟が実に良く纏められております。

武士道の源泉は、何処にあるのか。仏教から伝わった「禅」と人間の運命観、それを補っている神道の忠・崇拝・孝。そして、正義・勇気・仁・信義。それらを武士（サムライ）として完成させるための「教育」は、当然に自主的に行うものと述べられています。

あらゆる兵法はもちろん、書道・倫理・文学・歴史を学び、更に教養人として不可欠な芸術的な嗜みに繋がる、趣味の追求が更に重んじられました。今でも例えば私が住んでいる福岡では、産官学に連なるリーダー的な人たちは、一通りの芸事（小唄、清元、囲碁将棋等）を何か一つは追求しないと、武骨モノ扱いにされるようです。

以上「武士（サムライ）」について述べてきたのは、何を言おうとしているかということですが、結論は唯一つです。こうした「武士（サムライ）」階級が守らなければならない、真に厳しい「武士道」を極めるためには、間違いなく普通の人間以上に彼らは「感覚」をすり減らしていたに違いない、ということです。

そうした「武士（サムライ）」たちの「武士道」を介しての風情は、明治時代にお雇い外国人として来日し、長年日本に滞在した外国人が書き残したものの中にも、発見することが出来ます。

例えば、ラフカディオ・ハーンの『知られざる日本の面影』（１８９４刊）フレイザー夫人の『日本における外交官の妻』（１８９９刊）エルヴィン・ベルツの『日記』（１８７１―１９０５）などを読むと、当時の「武士（サムライ）」階級が日本の組織社会全体に「武士道」の根本精神が、如何に緻密な足跡を残していたかが深く感じられます。それだけ、深く彼らは感覚、すなわちここでいう《6つのS感覚》はベースにあると思いますが、それよりも一層強く人間的かつ理性的な面を現わす《6つのF感覚》を駆使し「武士道」を追求していたかが、伺えると思います。

## 3・四季の彩画が強めた日本人の「視覚」

さて、それでは具体的に「6つのF感覚」の中身に入りたいと思います。

先ずは、「視覚」です。「視覚」は、昔から五感の一つと言われて来たように、極めて重要な私たち人間の機能の一つであります。

普通の常識では、この「視覚」は言うまでもなく、人間は目の働きによって行われるわけです。しかも、物理的なシステムから考えると「視覚はきわめて狭い感覚である」というのが、正確な判断のようです。

もちろん人間の目は夜行性ではありませんので、見えるということは光がないと見えないということです。その光とは、あらゆる電子の波長は「３９０ナノメートルから７５０ナノメートル」の範囲です。だから、「電磁スペクトル」の中で、人間の眼球が捉えることが出来るのは、ごく僅かだということになるわけです。その人間の眼球で捉えられた光は、角膜と水晶体を通過すると、眼球の奥の網膜に映し出されます。それを私たち人間が感知できるのは、2つの「錐体（すいたい）という↓昼間働く細胞」と、「桿体（かんたい）という↓夜間に働く細胞」があるからです。この2つの細胞が、私たちの脳に昼間と夜間に役割分担して、信号を送る時に、《光子》を《電子信号》に変えてくれるのです。もっとも、脳の働き方はこれ程単純ではありませんが、大雑把に言えばこういう状況です。

非常に見える感覚が狭いと言うのは、先ほどの390から750までの間の波長の中で、それぞれの色を識別出来る範囲が、「赤　700ナノメートル」「黄　600ナノメートル」「緑　500ナノメートル」「紫　400ナノメートル」というように決まっているからです。それにも拘わらず、「あれは赤だから危険だ」とか、「これは黄色くなっているので美味しいだろう」とか、或いは「これは白色に凍っているので冷たいようだ」というように、簡単に感じるのは《先覚》を働かせるからです。《先覚》については、S感覚の説明の際にすでに述べたところですが、その相互作用によって、私たちは器用に知能を働かせているわけです。

どうして、人間だけがこのように器用な光の感覚を持つことが出来るようになったのでしょうか。やはり天の神の仕業としか、言いようがありません。

しかも、とても重要なことは、そうしたことを認識した上で、更に私たち日本人の特技として《視覚》は、他の民族よりも一層強く発達しているということをここでは述べたいと思います。それは何故でしょうか。

言うまでもなく、それはモンスーン地帯の日本列島に明確に「四季」、すなわち春夏秋冬が存在するからです。しかも、この「四季」は、その言葉通り、概ね平等に1年間を4等分した「3カ月」単位で、次の季節が必ずやって来ます。それが、恐ろしいぐらい正確なのです。こうしたことは、赤道に近い東南アジアや北極や南極に近い国々では、とても無理なのです。

問題は、この特殊な日本列島の地勢的特性は、何を意味しているかということです。

それは、私ども日本人に「一層強い感覚、特に四季の変化をしっかりと見分ける《視覚》」の発達を授けてくれているということです。

春の海と言われる《緑》の野山は、いつの間にか白やピンクの吉野桜や赤みがかった八重桜が色付き、しかもあっという間に花吹雪となります。すると、やがて灰色がかった梅雨が、稲妻をとどろかす雷雲と共にやって来ると、百科爛漫の花盛りとなります。

その後に濃紺の季節が、真夏の真っ赤に輝く太陽と共に降り注ぎます。重なる暴風を伴った台風にじっと耐えながら、やがては黄金の実りの秋がやって来て、五穀豊穰を祝う村人たちの踊りや太鼓の音と共に、やがては灰色の季節がやって来ます。それが、遂には真っ白な雪が野山の美を創り上げ、銀色の風景の中に黒々と深く眠る鎮守の森と重なります。

「感覚　マーケティング」という専門書がありますが、この本には人間の「５感」に当たる「感覚」、すなわち「視覚」「聴覚」「臭覚」「味覚」「触覚」の中で、「視覚」を一番目に取り挙げています。それは、こうした日本人の地勢的条件の中から生まれた、特殊な感覚がこの「視覚」に象徴的に現れていることを暗黙裡に示しているということではないでしょうか。

**＊国の文化と色**

「視覚」に関連して、《好きな色》が民族によって異なることは、これからの日本人がグローバルに益々上手に交流して行かなければならない時に、或はかなり重要なことでもあるように思われます。「色」についても、種々の専門書が出ておりますが、最近色彩文化研究所著『色で巡る日本と世界』（青幻舎発行）という本を読んでみました。その中から幾つか紹介してみましょう。

先ずは、「日本の色」の始まりですが、歴史的には日本人は「明暗顕漠」だそうです。

おそらく古代人は、東から太陽が昇り（明）、そしてやがて西に沈む（暗）という状態と、もう一つ光で明るくなりよく見える（顕）が、段々暗くなっていく（漠）という状態が、言葉になっていったという解釈です。この4つを並べて「アカシ・クロシ・シロシ・アヲシ」と呼称していたというのです。それが「赤・黒・白・青」という名詞になったというのです。

日本の国旗は、この中の太陽が基本の「赤」と、よく見えるという顕を基本とする「白」、すなわちあくまでも「太陽」を基調としております。かなり古代の頃から、基本的に認識されておりましたが、外国にも示し始めたのはわが国の神話『古事記』が書かれた8世紀初頭とされております。

やがて、中国から「陰陽五行の色」が伝わり、上述の4色に「黄色」が加わります。更に、平安の時代には「紫」や「緑」等を織り交ぜた、絢爛豪華な「彩色美」が、東大寺の大仏殿の天井を飾り立てる状況となります。こうして、わが国は見る見るうちに多彩な色彩感覚をどんどん受け入れて持つこととなります。このように「視覚」という、色にうったえる感覚は、時代の変化に応じて、正に「理性的なその国の要請」を表わすようになっていったということではないでしょうか。

しかし、これもよく考えると、先ほどから述べるように、日本人には「四季」の変化に順応しなければならない、伝統文化的な性質を持っていることによると言えるでしょう。

この点、かつて和辻哲郎が名著『風土』の中で述べているように、「中東地域」は「砂漠の茶色」、そして「ヨーロッパ大陸」は「淡白な森の中の世界だった」という表現は、言い得て妙であると思います。

先ほどの、「色を巡る日本と世界」という本の中で、世界の国々の色を、国旗を中心に表した見方が述べてありました。それを抜き出して見てみましょう。

＊「赤」↓オスマントルコ・バングラデシュ・中国｛太陽、成長、犠牲、活力、共産主義等｝

＊「白」↓モナコ・アルジェリア・シエラレオネ｛平和、調和、中立、正義、希望、団結等｝

＊「黄」↓ドイツ・パラオ・ニジェール｛太陽、月、国土、繁栄、黄金、農作物、資源、権威等｝

＊「青」↓ホンジュラス・リベリア｛海、川、湖、空、水資源、希望、道徳、王、自由、友愛等｝

＊「緑」↓サウジアラビア・モーリタニア〔森林資源、農業、豊饒、繁栄、平和、伝統等〕

＊「黒」↓アンゴラ・ジャマイカ〔黒人、大陸、大地、国民、力、自由、圧政からの勝利等〕

こういう説明書きを見ていると、確かにそれぞれの国が持つ象徴的なこととか、或いは願望といったことが、見事に表現されているように考えられます。

なるほどと思われる「国旗」への願望、その象徴的なものが、例えば「ドイツの国旗に込められたヨーロッパの大国を自称する《黄色》」、それに「砂漠の国、サウジアラビアの国旗への願望である《緑色》」へのこだわり等を挙げれば、なるほどと理解して頂けるのではないでしょうか。

**＊自然を描く日本画の天才たち**

このように「視覚」は、人間に神が与えてくれた実感的な「F感覚」の中でも、あまりにも人間的かつ理性的な感覚として最初に取り上げられる資格を持った、とても重要なものであることは間違いありません。そういう重要な「視覚」を、先ほどから述べるように、私たち日本人は「四季の移ろい」から、独特な鋭い感覚としてきたことが容易に判断されます。

またその意味で、日本人には「世の中の自然を描く天才的才能」が備わっているのも、以上のような「色彩」へのこだわりから連想し得るところであります。

例えば、この夏8月に九州国立博物館で、数年前に92歳で亡くなった「東山魁夷画伯」の特別展が約40日間に亘り開催されましたが、連日大勢の見物客で賑わっておりました。絵が好きな通称「うちの上さん」は、上野の博物館でもまた京都の博物館でも、長蛇の列だったため十分に観られなかったようです。よって、最後に郷里でじっくり見物に行くと言うので、一緒に拝観して来ました。

全部で「87点」、同画伯が生涯に亘って描き続けてきた銘品の数々に圧倒されて、約２時間に亘り拝観する中で実感出来たのは、青、緑、黄、白、黒などの微妙な変化を、特に「四季」の移り変りに連れられて、変動していく自然の姿を表現することに全てを費やした〈すごみ〉でした。

特に長い年月をかけて、ヨーロッパ（北欧・ドイツ・オーストリア）を東山画伯が旅をして描いた風景が先ず広がります。そうした絵と対照的に、鑑真和尚が眠る唐招提寺障壁画は、更にその後10年の月日を重ねて作成されたものです。そこには、鑑真の故郷である中国の水墨画を想わせる風景と、失明した鑑真和尚に「日本の美しい自然の風景」を観てもらいたいという願いを込めて、微妙な色彩の変化を重ねて描いた大広間の襖絵の壮大な素晴らしさがそこにありました。正に、波の音、風のささやき、虫の声や小鳥たちのさえずりが、じっと見ているその絵の中から聞こえて来るような、迫力がありました。

偶々東山魁夷画伯の事例を取り上げましたが、総じて日本人が描く特に風景画には、同様にキメ細かな「四季」を意識した作品が、数多く著されていると私は思います。

序ながら、先ほど第3編に日本人が持つ特殊な感覚の一つである「知覚」について説明した折に、古来より日本人は中国にその制度や文化や思想を学びに行ったことを書きました。ところが、ここで東山画伯が描く鑑真和尚は、その中国の文化を学ぶために、わざわざ本人を連れ帰ったということです。日本人とは、実に真面目で熱心な人種なのです。

## 4・和食の追求が強めた「味覚」の文化

次に、「味覚」の追求に移ろうと思います。専門書によると、人間が持つ「感覚」の中で、「味覚」は最も重要な機能であるという説明がされております。

その理由は、幾つかあります。

第1には人間が生きていくために吸収する「栄養素」は、要するに「味覚」によって選択されるということが、極めて大きいことです。

## ＊「旨味」の重要性

すなわち、一般的に食べ物の味は、「甘味」「酸味」「塩味」「苦味」を基本に、個人的な好き嫌いを基準に選びますが、最終的に判断するのに、日本人は外国人にはないものを持っていると言われます。それが、「旨味（うまみ）」というものです。外国人には殆ど見られない感覚であることは、間違いありません。何故なら、この「旨味」に当てはまる単語は、英語にはもちろん、ドイツ語、フランス語、イタリア語にもありません。だから、日本語をそのまま使って《ｕｍａｍｉ》という英語が現れました。

要するに日本人は、言うまでもなく和食を基本に過ごして来ましたが、そこには確かに上述の甘・酸・塩・苦の他に「ほのかに美味しい《風味》」というものを感じることがあります。

これを専門的に表しますと、「グルタミン酸ナトリウム」という物質の影響だといわれております。最近は、この物質を化学的に化合して化学調味料に使ったりしております。また特に、中華料理にもよく利用されますが、グルタミン酸ナトリウムは発癌性があるということが述べられたりしており、イメージが良くありません。

しかし、これは誤解であり、本来この物質に有害性や発癌性があるわけではありません。

発癌性と言えば、「たばこ」についてはそのリスクが大きいことが以前からよく喧伝されております。最近も、国立がんセンターが「受動喫煙により、肺がんになるリスクが約1・3倍になる」という研究調査結果を発表し、話題になっております。

すなわち、家庭や会社などの職場で、「たばこの煙」を吸う機会が多い人は、喫煙者は勿論ですが《喫煙しない人》でも「肺がんになる危険性が増える」と言う訳です。

余談になりましたが、上述の《旨味》に関する物資の問題は、このたばこの例のように、科学的にはっきりしているような話では全くありませんので、ご安心ください。

序に述べますと、アメリカのカリフォルニア州にある「ウマミバーガー」というレストランでは、「旨味を訴求したハンバーガーを開発し、旨味認知度を高めようと取り組んでいる」という記事が、専門書に紹介されておりました。

(注) A・クリシュナ著『感覚――マーケティング』(有斐閣) 126頁より引用

**＊「味覚」と他の感覚との「重要な関係性」**

第2に、料理の「味覚」は、他の感覚にも大きく影響されることを挙げておかなければなりません。

よく話題になるのは、高級レストランや料亭では、出て来る料理は、その「出て来る品物（食材）が、色合い、食感、香り、音の響き、と同じでなければならない」などとよく言われます。もちろん、専門の調理師の学校でもそういう教え方をしているそうです。

すると、こういうことになります。

「色合い」とは、《視覚》

「食感」とは、《触覚》

「香り」とは、《臭覚》

「音の響き」とは、《聴覚》

ということです。よって、少なくとも「高級な和食の一品、一品」は、人間が味わう時の《味覚》として、そうした感覚を同時に味わうという、真に贅沢三昧を頂いているということになるわけです。これこそ、動物的な感覚とは違う、人間だけが持つ、しかもその中でも日本という国土の中で培われた「日本人しか持てない」特異な感覚ではないでしょうか。

ここに、日本料理には、極限の技、すなわち《職人の匠の技術》が秘められているということだと考えられます。

特に私は、「料理の《色合い》と《音の響き》」と言うことの重要性に着目してみたいと思います。

## ＊料理の色合い《視覚》

「視覚」については既に述べたように、人間は電磁波スペクトルの中で、眼球が捉えることが出来る（すなわち見ることが可能な）のは、僅かに光の波長の中の３９０～７５０ナノメートルの範囲に過ぎません。

しかも、電気がなかったころの昔の人たちは、一日24時間のうちの半分以上は、ローソクの光でしか料理の色を見ることが出来ませんでした。ところが、今では電気が普及している所では、殆ど一日中太陽の光の代わりに《電気の力》で、美味しい食べ物の色合いを認識しながら会食が出来るのです。しかも、レストランでは、「電気の光」を色々な手段でコントロールすることによって、輝く色にも躍動的な光線にも、更にはすがすがしい色合いの風景にも、同じ場面や場所の風景を、驚くほどの素晴らしい技術的手段で変化させてくれます。

おそらくテーブルの上に出された料理もデザートなども、色の変化で食べる味覚が感覚的に変わるのではないでしょうか。

このように、人間が「電気」を発見したことの意義は、私たちの生活を非常に豊かにしてくれていることにそのまま直結しているということを是非とも大切にしていくべきだと思う次第であります。

「電気」については、後述の編でもっと詳しく取り上げる予定です。

**＊音の響き《聴覚》**

先ほどから、高級料亭での料理の《音》ということの重要性を、敢えて取り上げてみたいと考えたのは、私も本当に料理を味わうということが、確かに《音の響き》によって増幅され、一種の「旨味」にもなって行くように、真に思うからです。

もちろん「聴覚」は、むしろ動物的野生的なS感覚ですが、その「聴覚」が「味覚」を一層膨らませるわけです。すなわち「さくさく」と気持ちよく響く音、奥歯で「ぴちゅっ」と鳴るような快感の籠る音、あるいは「口の中に爽やかな渋みを残すような、煎茶を静かに啜る上品な音」……、実に「音の響き」は、味覚を一層引き立ててくれることは間違いないと思います。

また自宅で手料理をする時の「料理の音」も、また美味しい味覚の料理を食べ終わってからの片付ける台所の音も、また料理を食べる前の、或いは食べた後に、「味覚」を一層引き立てる《全てが料理の音》として、重要なものであると言えるでしょう。そのように、私は考えております。

毎朝、私の上さんが台所で朝ごはんの支度をする音、例えば必ず作ってくれる「キャベツを包丁でサクサクと切る音」は、その音を聞きながらその《旨味》をすでに感じております。

また、食後に台所の流し台でお皿を洗う音を聞きながら一杯のコーヒーを啜る時、先ほどの上さんが作ってくれたトンカツの、同じく《旨味》を思い出させてくれます。「音の響き」が人間の味覚を一層引き立ててくれていることは、間違いないと思います。

## 5・木の文化でなければ「触覚」の独自性は生まれない

さて、緑の島という割には、何とも厳しい火山列島の上で、モンスーンの気候が繰り出す台風や豪雨に悩まされつつ、更に四季の激しい変化の中で生き続けなければならない私たち日本人にとっては、何が必要だったか。それを考えてみたいと思います。

生きるか死ぬかという切羽詰まった時の行動を想像してみるとどうでしょうか。言うまでもなく私たちは、どうしても生き延びるために、理屈なしに「あらゆる防御と新たな発展への手段」を、生み出して来たのではないでしょうか。そういうことがよくわかるのであります。

もう一つ条件があります。それは、昔の人たちはおそらく人生の大半を「闇の中」で過ごして来たということです。今では、24時間スイッチを捻れば人工の光が私たちの生活を支えてくれます。モノに触れなくても「視覚」が、行動の判断を支えてくれます。それが当たり前の状態ですが、僅か２００年も前だったら、人間の生活は現在と全く違っていたと思われます。

燦々と降り注ぐ太陽の光の恩恵は、多くの人間にとってはほんの僅かな時間だったのではないかと思われます。暗い森の中や穴倉や、更に城壁の中で働き、殆ど明るい場所を経験出来なかったと考えてもよいのではないでしょうか。

従って、多くの人たちにとって最も重要なことは、《触覚》を働かせることでした。「視覚」の代わりに「触覚」が大変発達するのは自然の成り行きです。

真っ暗な中で、手足や皮膚で感じる「触覚」から理性的な色々な判断が生まれます。大雑把な言い方をしますと、「触ったモノが　①どういう形か　②大きいか小さいか　③やわらかいモノか固いモノか　④熱いか温かいか冷たいか　⑤長いか短いか　⑥鋭利なものかソフトなものか　⑦乾いているか濡れているか　⑧汚れているか綺麗なものかなど……すなわち少なくと《8つ》ぐらい多彩な「触覚」を手足や体の皮膚感覚で働かせ、結局は「安全なモノかどうか」などという判断に役立てていたのではないでしょうか。

また、私たち日本人が他の地域の人たちと比べて、特に「触覚」に敏感だと思うのは、わが国は樹木すなわち、「木の文化」を持つからであると思っております。例えば、中東の砂漠の中で生活する人たちは、「砂」の感触はあるでしょうが、日本人のように「樹木」との接触が殆どありません。一言でいえば「樹木が育つ地勢的環境の中にいること」で、はじめてこうした多彩な「触感覚」を、長い歴史的な経過の中で、持つことが可能な人種になったのではないでしょうか。

**＊「匠の技術」が生まれた理由**

もちろん現代の日本人は、「太陽の自然の光」と「電気による光」が融合して、「触覚」は昔の暗闇の時代よりは、或いは重要ではなくなっていると思われます。しかし、僅かに100年ないし200年ぐらいの違いですから、日本人の性格は遺伝的にはそれ程変わっているとは思われません。

私が住んでいる福岡県内にある「みやま市」の例です。地域の街興しのことを近ごろは、《地方創生》と言うようになりましたが……私の盟友のひとり、亀崎英敏氏が同市の出身で、最近観光大使に任命されたのをきっかけに、市長の西原親《ちかし》氏を紹介してもらい、街中を広く見聞する機会がありました。その中でここでは、一つは日本経済新聞が最近取り上げた「わら線香花火」の職人芸、もう一つは「八ちゃん堂」という冷凍ナス、冷凍タコ焼きの、製造を行っている作業の匠の技を紹介したいと思います。

第一の「わら線香花火」は、現在この「みやま市」にある筒井時正玩具花火製造所が、わが国で唯1カ所の製造者であります。線香花火の製造者は、他にあと2カ所あるそうですが、九州など西日本でしか見かけない伝統的な「わら線香花火」は、上記の「みやま」の筒井花火製造所のみなのです。この花火の原料は、「松の根をいぶした松煙、それに硝石、硫黄を加えたもの」です。しかし、「それぞれの割合を少し変えるだけで、燃え方は全く変わってしまう。火薬はワインと同じで、湿気を吸ったり吐いたりと呼吸して熟成する。（中略）大きく美しい花火を放つ納得の線香花火ができるまで、実に10年の歳月がかかった」と、上述の花火製造所の筒井社長は語ってくれました。

省力化を徹底し、例えば「わら」は箒の使い捨てを再利用。膠も牛皮を溶かしたもの。火薬の原料も自然にあるモノというように、原料創りで新たにエネルギー消費を必要とするものは、全く用いていません。

その製品を試してみると、中国で作った商品とは違い、驚くほど長く「パチパチ」という線香花火が楽しめると思いました。これを創り上げる10年の歳月とは何か……それこそ、長さ僅か約15センチの藁の先に松煙と硝石と硫黄の微妙な配合で「塗り付けるという匠の技術」。それが、正に日本人ならではの《触覚》で創り上げられていく、そういう10年間なのです。これは、IoTを駆使したオートメーションでは、特に少量多品種生産であるだけに、とても無理な注文であり、AIにも適合しないものだと思いました。やはり、日本人にしか出来ない「匠の技」という《触覚》に頼るしかありません。このため、約250名のパート従業員によって、全くの手内職的に行われております。

第二の技ですが、これも同じ「みやま市」に本社のある「八ちゃん堂」という「冷凍なす、冷凍タコ焼き」の製造販売を行っている会社のオーナー川邊義隆氏の「匠の技術」の紹介です。

「八ちゃん堂」という会社は、もちろんいまのところ全くの中小企業です。何故「なす」

に特化したかと言えば、これこそ「みやま市は、全国的に名高い《長なす》の産地だからです。何とか地元の特産物を使えないかと思ったといいます。そして、これも機械に頼らず「手作業」によって、丸ごと焼いた「長なす」の皮を匠の技術で剝いて、即座に殺菌して冷凍にしていきます。こちらは、需要が段々に増えたことと、生産コストが高いことから、最近ではベトナムに「長なす」の産地を開拓し、輸入するという国際的協力も行っております。こちらも、同じように、約３００名の従業員が、一日一人当たり約１００本、合計30万本の「冷凍なす」を製造し卸しております。これも、日本人の《触覚》に頼るしかないという実例であり、極めて重要な製造上の、他人が直ぐには真似できない、日本人ならではの「おもてなし」に結び付く、クールジャパンの代表的な事例ではないでしょうか。

このように「木の文化」が生んだ《「触覚」の独自性》が、私は日本の「匠の技術」を生んだのではないかと思っております。昔から、日本人は「手先が器用」だと言われて来ましたが、その本来的な原因が今述べて来たように、日本人があらゆる危機に迅速に対応するため、長年の歴史的試練を経て積み上げる中で、育て上げられてきたものであると言えます。

さらにもう一つ例示しておきましょう。これも昔からの親友のひとりであるインテック㈱の中興の祖といわれる元会長で富山市の名誉市民でもある中尾哲雄氏です。彼は、もう数十年も前になりますが、初めて私に「情報化社会」の意義を教えてくれた人です。現在も元気に㈱アイザックという富山にある会社の最高顧問を務めています。このアイザックという会社は元々はダンボールの製造加工で有名ですが、同時に産業廃棄物の処理を懸命に行うことで、今や成長産業に育っています。もちろん、最近は、センサーを駆使するITの技術で労働生産性を向上させていますが、同時に、貴重なメタルや貴金属を粉砕した廃棄物の中から、発見するのは、職人の「触覚」を生かした匠の能力だそうです。やはり、日本人しか持たない特異な感覚能力が、ここでも生かされていると中尾氏は述べています。

このように私たちは、改めてこの「自然の地勢的条件」によって積み上げられた、貴重な《固有財産》を、これからも一層大事に育て、かつ活用していく必要があると改めて感じております。

## 6・日本人の強い「臭覚」は、災害列島の「匂いの風」から生まれた歴史的所産

「臭覚」もまた、災害列島と言われるわが国独特の、とても他の国の人々には備わっていないい感覚です。言うまでもなく「災害列島」ですから、日本人はしょっちゅう雨・風・嵐・雪・吹雪・雪崩・流氷・台風・地震・津波・火山爆発・山火事・動物の鳴き声・外敵の襲来など……あらゆる自然の脅威が、独特の「匂いの風」を送って来ます。

それを、私たちの祖先は嗅ぎ分け、「触覚」だけでなく、寧ろどちらかと言えば、微かな空気の動きに乗って流れて来る《匂い》の「臭覚」によって、嗅ぎ分けていたのです。

毎日毎晩、海岸に住む人々は「潮の匂いの中」に、先ほどのような災害列島の事件の動きを、匂いで嗅ぎ分けていました。何十里も何百里も先に、「おや！何かが起きた」という情報に変えるほど、優れた「臭覚」を持ち併せておりました。

山際に住む人々もまた、山から降りて来る気流の変化に乗って来る匂いを、同じように事件の予報とすることが出来ました。

もちろん、匂いも「良い匂い」と「嫌な匂い」があります。特に《農作物収穫の匂い》は、実に良い匂いだったと思います。特に、稲作の年中行事は、春夏秋冬に亘り良い匂いを村人に植え付けて来たと思います。

しかし、同時に日本人は、全く匂いのないモノを発見するのです。言うまでもなく、

《電気》という宝物です。

未だ「半開の国」と言われ、3世紀以上に亘り国を閉ざしていた日本が、何故アメリカで開発したばかりの、未だに本物になるかどうかもわかっていなかった《電気》を、素早く取り入れようとしたのか。その疑問が理解出来るのは、この日本人の《臭覚》の特殊性があったからだと思います。すなわち、あらゆる匂いを臭覚に収めなければならなかった日本人だから、逆に《無臭の電気》に、特別の興味を持つことが出来たのではないでしょうか。

だから、日本はあれだけ素早く、且つ確実にアメリカに遅れること僅か5年で、電気すなわち電燈を導入することに成功したということが、結果的に言えると思うのです。

電気については、後でじっくり述べることにします。

## 7・全てを総合する「円覚」の豊かさ

次いで、「F感覚」の最後から2つめの「円覚」について、述べることとしましょう。

これこそ正に、日本人の理性的知恵の所産だと思います。

鎌倉に、「円覚寺（えんがくじ）」というお寺があります。歴史上は、わが国の「武家政治」が行なわれていた弘安元年（１２７８）、時の執権であった北条時宗が戦没者を供養するために建立したと言われております。

何故、「円覚寺」という名前を付けたのか。このお寺を新たに建立するためにその場所を掘っていたところ、地中から石櫃（いしびつ）が出て来たというのです。その蓋を開けたら、中から「円覚経」という経典が発見された。そこで、その名前から「円覚寺」と名前を付けたと、専門書に名前の由来が説明されております。

また、このお寺の特徴は、当時の中国フビライの元軍がわが国に侵入し、２回に亘り大戦争になりますが、その時の戦死者は日本軍だけでなく、「中国側の戦死者」も沢山出たこともわかります。その双方が、分け隔てなく祀られているということです。

そういうことから、このお寺の存在は、「私がここで取り纏めている『感覚的社会』という《感覚文明の時代》」を特徴付ける内容の一つである、「円（えん）円（えん）覚（かく）覚（かく）」というものを説明するのに、実に良いヒントを提供してくれていると思う次第です。

すなわち、私たちの今や当たり前のこととなった、グローバル化とインターネットの時代において、人種や宗教の違いを乗り越え、平等かつ自由に交流するという「感覚」が実に必要であると思うからです。私どもが、そういう基本的な認識と価値観を持つこと、それが「円覚」と言うものだろうと、私は解釈しております。

最近、日本人の「礼儀正しさ」と日本製商品の「品質の良さ」とが、世界的なブームを引き起こしていると言われます。このため、例えば「日本食」が、欧米人だけでなくアジアやオセアニア、更には中東諸国や南米、そしてアフリカでも持てはやされつつあると言われます。

よく考えますと、こうした現象もおそらく、色々な五感の役割を十二分に補完して、要するに間違いなく「円覚」が働いているのではないかと思います。

## 8・組織を守る責任感が生んだ「後覚《あと》」の知恵

最後に日本人が特に強く保持している理性的な感覚に、「五覚」を通り越して、後で強く感じるものがあると思います。それが、「後覚」というものであると、私は敢えてこういう定義付けが必要だと思っております。

ところで、そうした「後覚」が、私たち日本人に強く意識されるのは何か。そのための論理的定義付けが必要であるという、俄かにそういう考えが出て参ります。私はこの点についても、やはり原点に返って考えてみる必要があると思います。

すなわち、その原点とは何か……それは、言うまでもなく、モンスーン地帯で、かつ地震・津波・台風・水害等々災害を引き起こす「火山地帯」の中に、とっぷりと浸っているという自然条件を大きく背負っているということを想起すべきであります。

日本人は、規律正しい。そして整理整頓し、終わった後も「ゴミや塵一つ残さず」片付けていく。素晴らしいとよく言われます。全部が全部でないにしても、このように海外の人たちから評価される。その根拠は、私たちが暮らしている、この場所と地域の自然条件、すなわち、その「独特な地勢」にあると言えます。

災害や事故や事件は、どんなに用心していても、私たちの国では必ずまた起きるという「どうにもならない定め」を、何万年何千年の間背負ってきているのです。だから、私たちは仲間たちの組織力を生かし、「これからは、是非災害が起きないように」という願いを込めて、その場所を綺麗に片付け、掃除をして、後から利用する人たちに、「引き継ごうという習性」が生まれたのです。

このように「後覚」とは、やはり私たち日本人に独特な感覚なのです。

私は、故在って人生の大半を、「電気事業」に投じて来た一人ですが、会社に入社した頃の社長に木川田一隆という人がいました。経営哲学に凝った人だったようですが、彼が残した言葉の一つが、《後工程を大切にせよ》ということでした。要するに、これが「後覚」ということだと思います。

この言葉は、トヨタ自動車のあの素晴しい「問題点が見付かると誰でもすぐに信号を発信し、全てのラインを止めてみんなが協力し合う」という経営方針が最初だと思われるでしょう。だが、私の記憶が間違っていなければ、昭和30年代の半ば（1960年頃）、木川田が最初に述べたことだと考えられます。

# 第5編　F感覚の厚みを増した「電気」

この編では、人間が生み出した文明の中でも、最も重要な「光」というものを求め始めた私たちは、その「光」を大量に、かつ永遠に使わなければならなくなったため、「電気」がその決め手となった「重要性」と「必要性」を、明確に説明したいと思います。正に、これこそ日本人が自らの持てる全ての感覚を十二分に光らせてくれることになった、あまりにも「人間的理性的」な感覚の発露であると私は認識しております。

何故かと言えば、「はしがき」で述べた通り、今や世界中に知れ渡っている日本人の《おもてなし》というものが、歴史的に造られていく過程で、それを大きく促進する役割を果たしたのが、この「電気」と、そして「組織的な稲作作り」だということです。すでに組織的な稲作作りについては、第4編で詳しく述べた通りですので、ここでは「電気」について、出来るだけ易しくかつ分かり易く、その意義を説明しましょう。

ところでもう一つ「電気」が、極めて重要なことが挙げられます。それは、今やインターネットによるデジタル通信技術を活用した、「IoT」と「AI」とを利用することが全ての前提でなければ、「現実の仕事や生活が成り立たない」という世の中になってきていることとの関連です。それは、こうした世の中では、「電気が空気や水のように常に安定的に身の周りにある」ということが、必須前提条件だということです。それを忘れてはなりません。

この本は、益々そして否応なしに、私たちが「感覚文明」という今迄の文明から更に新たな次の文明に突入していることを、理解することが先ず重要であります。

それと共に、その新たな「感覚文明」から、私たちはどのような付加価値を得ることが出来るのか。更にまた逆に、どのような問題や課題があるのだろうか。そういうことを、探ってみようとする試みであります。だが、今述べましたように、私たちは「電気」がなかったら「感覚文明」も成り立たないのです。そこを、是非とも読み取って頂きたいと考えます。

## 1・何故日本人は「電気」の発見と応用を速めることが出来たのか

結論的に言えば、これこそ《日本人の知的センス》だと、私は自信を持って述べたいと思います。明治維新が始まる西暦1868年の15年前、1853年（嘉永6年）アメリカのペルリ提督が乗った黒船がやって来ます。すでにこの時を前後して、わが国の若きエリートたちは欧米諸国の「先進技術」を貪るように吸収しておりました。貪るように、「本」を読んでおりました。そのためには、太陽の光だけでなく「人工の他の手段の必要性」に飢えていたのです。それが、正に「電気」の発見と応用を、日本人が他のアジア諸国などと全く違って、いち早く行うことが出来た最大の理由ではなかったでしょうか。

　ご存知のように、「電気」というエネルギーを使えば、強烈な《光》が得られるという原理を人類が発見し、その実験を始めたのは、何と僅かに200年程度の昔です。何百年も何千年もの昔ではありません。従って、私たちの祖先は長い間、《光》は正に太陽の明かりが最も重要な主体でありました。

　もちろん、祖先の人たちは太陽が落ちて暗くなると、月の光に加えて焚火をすることで、野獣やその他の動物たちの侵入を防ぎ、人間の集団を守って来ました。段々に動植物の油を蓄え、松明のようなものが発見され、続けて灯油やローソクが造られ、文明度を高める手段を多様化していったと思います。

　蒸気機関が発明され、いわゆる「産業革命」が始まった頃、遂に物理学と化学の応用が、「電気エネルギー」の発見へと繋がって行ったといえます。

　このことについて、わが国での「電気」の利用について、分かり易く纏めた記事がありました。

「明治15年（1882）11月には、東京の銀座に文明の灯火電灯（アーク灯）が輝き、とうとう日本にも電気が現実のものとなった。

　わが国における電灯の明かりの始まりは、明治10年（１８７７）にイギリスから来日し、工部大学校の電気工学科教授になったお雇い外国人技術者Ｗ・Ｅ・エルトンが、明治11年（１８７８）、大学の講堂でアーク灯の実験を披露したことに始まる。こうして、瞬間的に電気の光がわが国に灯った。

　それ以来、４年間にわたる種々の実験を繰り返したのちに、設立準備中の東京電灯会社が（１８８２年）銀座にアーク灯を灯したのである。これは東京電灯会社が宣伝用に行ったものだ。

　この２０００燭光のアーク灯を設計したのは、アメリカのブラッシュ社。当時アメリカは、電気産業ではイギリスの競争相手であった。まだガス灯はおろか、石油ランプさえ一般の庶民には行き渡っていなかった時代である。

　当時の代表的な報道機関の一つである『東京日日新聞』は、東京の市民がこの光を見て、『全く肝を潰し、毎日大勢の見物人が押し寄せている』と書いている。

　東京電灯会社は、工部大学校でエルトンの薫陶を受けた藤岡市助という男が、そのエルトンから『すでに欧米では、発電機によって電灯が灯され、それが実用化している』と聞かされ、日本にも早く導入する必要があると確信したことに始まる。藤岡は先輩後輩に働きかけ、東京貯蔵銀行の矢嶋作郎や大倉喜八郎、それに益田 孝や横山孫一郎らが発起人となって、ついに東京電灯会社が設立された。

東京電灯会社の電灯が実際に営業運転したのは、明治20年（1887）1月のことだった。場所は国際的社交場として著名になった鹿鳴館。そこに白熱電灯を供給したのが最初である。続いて、伊藤首相官邸や井上外相邸、更に宇都宮製糸工場、栃木小学校などに供給を開始している。発電所は、最初は火力が中心だった。

当然のことだが、発電所から電気を引いてくるには、銅で出来た電線が重要な役割を果たしていた。発電所は完成しても、銅線の製造が間に合わなかったので、点灯が遅れることが最初のうちはしばしば生じた。

さて、銀座に東京電灯会社のアーク灯が点灯された時、（古河）市兵衛も財界人の一行とともに、こうしたたくさんの見物客に混じって、この文明の明かりを鑑賞していた。その中にいつも元気な（渋沢）栄一の姿がなかった。夫人をコレラで亡くして未だ3か月後だったので、さすがの栄一も夜遊びに出掛ける心境では無かったのだ。

しかし、何でも興味を抱く栄一は、東京電灯会社の発起人には名を連ねている。更に、後日彼自身が、東京の麹町を中心に電気を供給する電気会社を、自らつくっている。（以下略）」

少し長くなりましたが、この文章は今から13年前の２００３年4月に出版した、拙著『小説「古河市兵衛」』（中央公論新社）の中の一文であります。

もちろん、小説の文章ではありますが、この場面に出て来る「電気」についての記述は、当時かなり詳しく調べて、出来るだけ正確に記したと記憶しております。

ところで、「電気」のわが国への導入について、欧米に比べどの程度の遅れがあったのでしょうか。

専門書によると、電気のエネルギーが「光」を発することを、作ることが可能だという原理を最初に発表したのは、ベルギーの科学者「ジョバール」という人物でした。

19世紀の初めに当たる、１８３８年のことでした。しかし、それからイギリス、アメリカ、フランス、ロシア等の学者が何十人も、「どうやったら、《連続して人工の光》を作れるか」ということに没頭します。

そして、「電球の中で大気に触れずに真空状態で電流を流せば、光が連続して耀き続くと」いうことがわかって来ました。

要するに電球を作るには、3つの基本要素が必要なこと。すなわち①電流が流れた時に光を放つ何らかのフィラメント ②そのフィラメントが直ぐに燃え尽きないようにするためのメカニズム ③その電気エネルギーの供給手段 という3点です。

こうして先ほど述べたように、多くの学者と企業家が約半世紀以上をかけて、解決に取り組んできました。

結局最終的に、アメリカのエジソンが「炭素フィラメントを酸化防止のために、真空の電球の中に取り付ければ、長時間継続して光が灯る」ことに成功しました。それが、1879年のことです。

よって、東京電灯が銀座に白熱電灯を灯したのが1882年ですから、それは僅かに3年後ということになります。またエジソンが事業化に成功して、電灯会社を造り、ニューヨークで家庭や事業所に電気を供給し始めたのは、明治15年（1882）です。先ほどの藤岡市助が財界の支援の下に東京電灯会社を造り、鹿鳴館等に供給を開始したのが、明治20年（1887）ですので、先進国アメリカに対して5年の遅れということになります。

当時の5年間は、今の感覚ではおそらく1年間にも当たらない期間でしょう。よって、殆ど同時と言ってもよいくらいです。

このように明治維新を機に、多くの日本人が「驚くほどの知的感覚」を利用して、貪るように生活や事業の技術改革に繋がる発明発見を手にしようと頑張ったことが、結局は「電気」の発見と応用を速めることになったといえるのではないでしょうか。

## 2・「電気」の発見に寄与した江戸時代の知的センス

では何故、僅か5年間という短期間で、欧米同様の「人工の光↓電気」を、日本人は手に入れることが出来たのでしょうか。

欧米流の話術で、先ず結論を言えば「長年に亘り訓練されてきた《独特の組織的研究開発力と協同力の成果》によるもの」と、述べてもよいのではないでしょうか。

以下具体的に、説明しましょう。

表題に「江戸時代の知的センス」と書きましたが、寧ろもっとわが国に「武家政治」というものが始まった頃からの成果であるといってもよいかと思います。わが国は、8世紀頃まで天皇制を補佐する公家《くげ》が国家の政治を担っておりました。ところが、歴史的には政治のリーダーである公家の身を守るだけの役割だった武士が、段々に力を得て参ります。そして10世紀になると源氏と平家という武家の二大勢力が現れ、いわゆる源平の合戦を経て、遂に武家、すなわち「武士階級」が本格的に公家に代わって世の中を支配するようになったことはご存知の通りです。

それから約400年間が武家政治の時代と言われておりますが、その特徴は何といってても「組織集団の団結した力」ということだったと考えられます。武家の頭領は、集団を上手に組織し、如何にリーダーとして全体を纏め、目的に向かって総力を発揮していくかが問われました。

このため、武家の頭領となる人物は、文武両道を極めるため、懸命な努力をしなければならなかったといわれます。私はその基本に、前に述べました「日本の稲作事業」の組織的な取組があることを、この際述べておきたいと思います。

何故なら、リーダーとなる武士が組織力を発揮するには、その「組織の主体となる農民」を纏め、彼らの信頼を得なければならなかったといえます。いわゆる下支えする「人間集団の力」が、当時は最も重要であったわけです。このため、若いうちから、彼らは自らの身内が抱える農民と共に、四季を通じての全ての行事に参加し、豊作を神仏に祈願し、お祭りの折りには酒肴を分け与えて共に飲み交わすなど、彼らとの絆を大切にしてきたと思います。もちろんそうした中で農民に対しては、戦闘能力を授ける訓練をも行ったことでしょう。また同時に情報収集についてては、最も重要な普段においての農民たちに期待する役割だったと言えます。交流を深め、信頼関係の絆があってこそ、信頼に足る有効な情報が、リーダーのもとに集まったのではないでしょうか。

正に、私が述べました突発事故に対して発揮される動物的な「６つのＳ感覚」と同時に、訓練を重ねて創り上げられる理性的な「６つのＦ感覚」、すなわち私たち日本人が持つ《12の特異の感覚》が、こうした中で芽生え、そして有効に活用されていったと考えられます。その上で、一旦緩急あれば、厳しく彼らに号令をかけ、戦闘行為が何時でも実行出来るように、準備を怠らなかったと思います。

## 3・「電気」に至る基本は「三種の神器」と結び付く
### ――定住型民族の組織防衛

しかも、「電気」などという観念が全くなかったころから、日本人の感覚は「光」を追い求める観念が芽生えていたと考えられます。そのＤＮＡが、いち早く「電気」の発見に繋がったと言えるでしょう。またそれは、「定住型民族」である日本人の「組織を守ろうとする能力」と結び付く、寧ろ遺伝的なものでもあったと思われます。

「三種の神器」は、ご存知の通り八百万の神々を祀る、日本の神社の最も重要な御物（ぎょぶつ）ですが、その中の一つに《鏡》があります。後の2つは「勾玉」と「太刀」です。

鏡は、「光」がなければ見えません。このことは、日本人の祖先が如何に「光」を重視していたかを著していると考えるべきではないでしょうか。そして、この「鏡」が日本人の組織防衛機能を重要視することに結び付いていたのです。そのことを少し説明してみましょう。

## *「卑弥呼」との関係

先ほど江戸時代の知的センスという話の中で、「武士の心得」は鎌倉時代から始まったということを述べましたが、更に組織を守ろうとする能力という点に的を絞って考えると、寧ろ《卑弥呼》の時代まで遡るのではないかといえます。

理由は簡単です。モンスーン地域で且つ激しい地震地帯の「列島国家」の、この国に住み着いた人たちは、周りは大海原ばかり。すなわち、此処にしがみつき住み着くしか生きる路はありませんでした。よって、皆で出来るだけ集団になって、自分たちを守ろうとする行動が「本能的」に生まれたと考えられます。それが「組織」の原点であり、定住民族である日本人の理性的な生き方の基本にあるといえるのではないでしょうか。

木村尚三郎著『西欧文明の原像』（講談社学術文庫）に書かれた、ヨーロッパ人の行動の基本に「彼らは移動型民族」という表現があります。木村氏は、日本人の「定住型民族」との、精神構造的な違いの原点が此処にあることを述べています。

欧米人は基本的には「個人中心」であり、移動するうちに、所属する集団が自分にとって不利になれば、上手にその集団から別の「自分にとってプラスになる集団」に移動していきます。そこには、日本人が持つ義理人情というようなセンスは、持ち合わせていないということでしょう。しかし、再度戻って来ることをも視野に入れて、目に付き易いような意匠を凝らして、多くの建物やモニュメントを残しております。次の支配者が遣って来た時に、それを取り壊したりはしません。以前と比較しより優れたものを、新たに造ろうとするだけでなく、「自分たちのモノも残して貰いたい」という気持ちがあるためでしょう。それらが、次々に残っており、大変面白い状況が見られます。例えば、すでに世界遺産になっている、ハンガリーやチェコの街の建物は、正にこうした紀元前から、順次それらの都市を移動して行った、過去の支配者のいる多くの民族の全てが「歴史遺産」ではないかと思います。

これに対し、日本人の祖先は懸命に自らの組織、引いては「国」を守るために力を合わせて懸命な努力を行って来ました。移動するのではなく、そこに「住んだ土地」から移動するということは、リーダーと共に同じ土地の組織住民が、《その土地を守っている限り》、営々と安泰であったはずです。

## ＊天皇制の発生

やがて、そういう個々のリーダーを纏めて治める、いわば《大リーダー》が誕生します。この《大リーダー》がやがては、「天皇制」の誕生に結び付くことになりました。要するに、「移動することが出来る民族」と「移動することが出来ない民族」との、集団を守り発展させていく原理の違いが此処にあります。

そうすると、中国はどうかということになります。

「中国」の歴史も、基本的には移動民族の一部です。ご存知のように、世界で最も早く文明国家となったのは、中国ではないでしょうか。もちろん、中東・アフリカ（エジプト）やインドなども相当に古く文明文化度を高めたことがわかります。しかし、私は何といっても、漢字という文字の記録によって「自らの文化」を、最も古く約6、7千年の昔から著す知恵を発揮出来た「中国」こそ、最古の文明国だったと思います。

しかし、この大国も「皇帝」がトップリーダーとして、時に数百年もの間君臨しますが、やがて周りの民族が移動してきて、トップリーダーに取って代わります。その治め方は、やはり「移動民族」或いは「騎馬民族」の習わしにしたがった、組織集団の維持発展の仕方になっております。ここが、私どもの「定住型民族」の組織集団の治め方と、大きく異なる点です。

説明が長くなりましたが、元に戻り三種の神器の「鏡」の話をしたいと思います。

**＊「鏡」が欲しかった日本人**

先ほど述べましたように、かつてこの国に、古事記や日本書紀などに神話として述べられている出来事が生まれる、それよりももっと以前の日本列島では、間違いなくこの列島の各所に小集団の「部族国家」が発生していたと思われます。その中から、遥か彼方の中国大陸に「朝貢」に訪れた小集団（倭の国）がありました。紀元前1千年ぐらい前のことですが、中国の前漢時代の周の皇帝に朝貢し、列島国家「倭の国」の安泰を願い出ております。このことが、後漢時代に書かれた「魏志倭人伝」の中などに、書かれております。今考えると、凄いことだと思います。何故かと言えば、そこにこの列島に定住する人たちの《定住民族が組織を守ろうとする意思表示》が、込められているからです。延々と荒波に揉まれ乍ら、隣の大国の脅威から、この列島の安泰をお願いをするため、更に同時に世界の情報を手に入れるために、それこそ「6つのセンスと6つのフィーリング」という、日本人の独特の感覚を全開させて、大国の都に向かったと思います。

もちろん、「倭の国（日本）」から中国皇帝に差し出す献上品は、第一に「美女（生口）」、第二に「黄金」などの玉物だったといわれます。逆に中国皇帝からの贈り物は、第一に国の安泰を保証する「金印」、第二に「鏡」、そして三には「経典」だったと言われます。「金印」は、福岡の志賀島から発見され、国宝になっています。つい最近太宰府天満宮にお参りし、西高辻信良宮司と親しく懇談する機会がありましたが、同神社の中心にお奉りしてあるのは、やはり巨大な「鏡」でした。

**図6**『鏡』を求めた遣唐使」をご覧ください。

何故、「鏡」か?……やはり太陽の「光」の次に、自分の姿を映し出すものが、最も必要だったことがわかります。その証拠に、わが国の縄文時代以降、弥生時代や古墳時代などを通じて、日本列島の各地で発見されている遺跡から、出土しているものの中でとても目立つのが「鏡」であります。もちろん、表面の鏡部分は腐食したりしておりますが、裏面を飾る豪華な造りを見ると、そうした古（いにしえ）の時代に栄華を誇った貴族などり

## 図6.「鏡」を求めた遣唐使

——日本人は「雷《いなずま》」の光を畏れ、かつ「鏡《かがみ》」の光を求めていた——

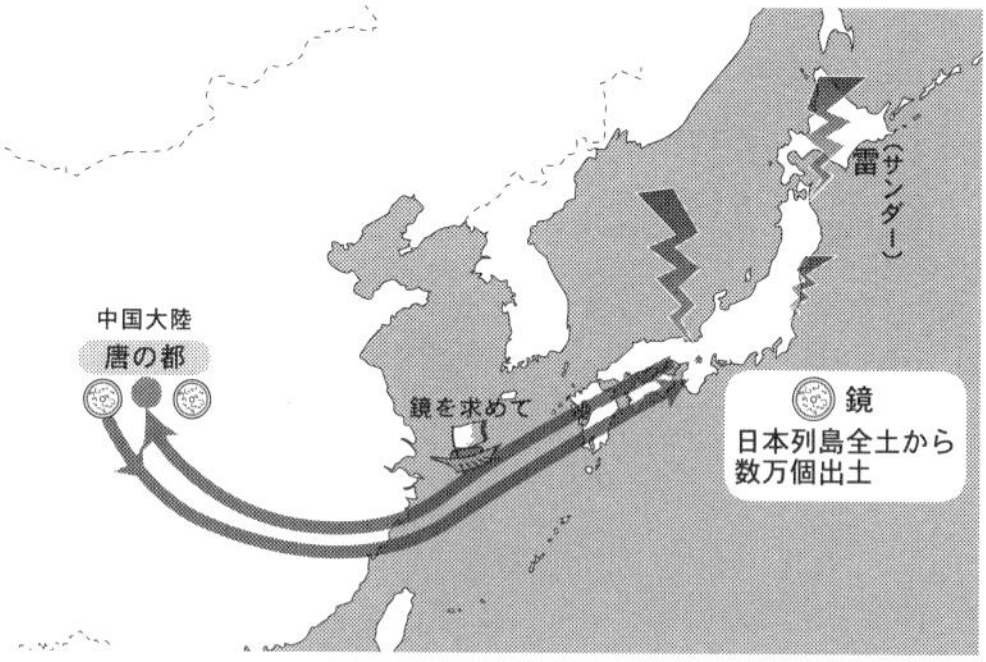


**◉朝貢で持ち帰ったもの**

……鏡（光）、金印、経典、情報　など

**◉日本からの贈り物**

……生口（女性）、金銀、産物　など

**ＤＮＡ的な考え方**

※日本人が、「電気（エレキ）」の光と力に、いつでも
飛び付く感情と感覚が伝統的に整えられていた。
※三種の神器の中に「鏡」が在る理由と強く結びつく

ーダーたちが、如何に「光」を求めていたかが想像されます。
少し穿った見方だという指摘もあるでしょうが、日本人が「光」に如何に貪欲であったか、そのために何としてでも「電気エネルギー」を素早く取り入れようとしたかという、その原点を追求していくと、そこに深くかつ一本筋で通った信念のようなものが、この国の歴史の奥底にあるのが見えて来るように思った次第です。

## 4・電気の活用が民間主導だったことが決め手

次いで、私は読者の方に是非とも、「電気」について語る時、他の多くの産業と違って、「民間主導」で始められたことの意義が如何に大きいかを、是非知ってもらいたいと思う次第です。

1868年すなわち148年前に明治維新が成立し、徳川幕府が、徳川家康が幕府を開いてから268年目に崩壊し、天皇制を基本に据えた「官僚国家」が生まれました。そこからわが国は、欧米の先進文化を懸命に取り入れようとして、従来の武士階級に代わる「天皇制の維持を原点とする官僚たち」の政治になるわけですが、彼らは、いち早く近代産業を打ち立てるために、「国家主導の企業・産業」の育成を始めました。

例示して挙げますと、日本政府が設立した主な会社は、次の通りです。

＊明治5年（1872）8月　日本政府、郵便蒸気船会社を設立
＊明治6年（1873）6月　太政官令にて第一国立銀行設立
＊明治9年（1876）4月　工部省に品川硝子製造所を設置
＊明治14年（1881）11月　政府が日本鉄道会社を設立
＊明治28年（1895）12月　政府が日本精糖会社を設立
＊明治29年（1896）2月　政府が富士紡績会社を設立
＊明治29年（1896）4月　政府が日本勧業銀行を設立
＊明治29年（1896）5月　政府が郡是製糸会社を設立
＊明治29年（1896）10月　政府が川崎造船所を設立
＊明治30年（1897）6月　政府が八幡製鉄所を設立

これ以降も、続々と政府の主導で近代産業の基礎となる会社を興していきました。

ところが、こうした政府主導の会社興しが全く無用であったのが、「電気電灯会社」の設立でした。

その詳細は既に前編までに述べたところですが、明治11年（1878）に設立された

「工部大学校」の一期生として入学し、お雇い外国人エルトンの指導を受けた藤岡市助が、熱心に渋沢栄一や大倉喜八郎やさらに三井財閥の大番頭だった益田孝等、当時のトップ財界人に熱心に働きかけ、東京電灯株式会社をいち早く「民間の手」で、政府の資金を投入せずに事業を興していったのです。

その結果、「電気会社」は最初から民間会社だったのです。すなわち、それからちょうど60年後、昭和13年（1938）4月、電力国家管理法が制定されて、国家が一方的に私企業だった権利を取り上げて、官僚軍団によって運営される、いわゆる「戦時体制下の時代」に入るまで、設立の当初から純粋に「民間によって設立し事業を展開」してきたと言うことが、特筆すべき誠に重要な歴史的事実であります。

しかも、第二次大戦が日本の敗戦で終結した戦後においても、当初から「電力会社」は、純民間の会社として昭和26年（1951）5月に、発送電一貫の地域別9電力体制が採られて、それからもまた今日現在まで全て民間人による経営が実施されてきました。

他の公益的事業である、郵便・郵政、鉄道、通信、水道というような事業が、漸く最近になって国家の事業運営から、「民間企業」に生まれ変わって来たのとは、電力会社は全く異なるのです。ご存知のように、例えば九州旅客鉄道株式会社は漸くこの10月に初めて、何十年も掛かってやっと純粋の民間会社になったのです。序でに述べれば、「水道事業」は未だに公営で殆ど行われており、その非効率性が指摘されております。

## 5・電気という「一品」創りの原理を歪めた政商たち

とうとう、心配していたことが生じてきました。

２０１６年9月12日（月）の日本経済新聞の夕刊トップ記事は、何と「再生エネ専用電力市場」という5段抜きのタイトルが踊っておりました。

「環境重視の電力消費者」には、太陽光発電等の《コストの高い電気》を買う市場を創り商売をさせるということです。

私は、この記事を見て、暫く唖然となり開いた口がふさがりませんでした。

一体「市場」とは何かがわかった上で考えているのでしょうかと考えました。また、「電気」という商品の特質を知った上で、それでも何故そういう売買の市場をどうしても作ろうというのでしょうか。そう思いました。そうしたことを承知の上で、わざわざ新たに造ろうというのなら、全くナンセンスだと言わざるを得ません。市場とか電気のことを、ご承知ないのならなおさらです。

そう思っていたところ、驚く勿れ、その2日後の同じ日本経済新聞の今度は朝刊に、次のような記事が出ました。

「原発の電気　公開市場に　大手に義務付け　経産省検討」

今度は、やはり「電力市場」でしっかりと、《原子力の安い「電気」》を販売させようというのです。その理由が揮っております。

「経済産業省は原子力発電でつくった電気を公開市場に供給するよう電力大手に義務付ける検討に入った。4月の小売り自由化で参入した新電力が調達できるようにして、安い電気を家庭や企業に売りやすくする。一方、原発の廃炉費用などの負担を新電力に求める。(中略)原子力や石炭火力などコストが低く発電量が天候や時間帯に左右されない『ベースロード』と呼ばれる電気を日本卸電力取引所に供給することを義務付ける。」「いま大手が取引所に出しているのは、石油火力などコストの高い電気が中心で、割安な電気は自社の小売り部門に優先的に流している。原発で作った安い電気が市場に出回れば、自前の発電所の少ない新電力が大手と価格競争しやすくなる。義務付ける電気の供給量は今後詰める。(以下略)」

これでは、正に無理をして「電力自由化」と称して、「電気」を自由に売り買いする

「新電力」という、小企業を政府と役人が懸命に作りましたが、そのツケを結局は電力会社に求めるものです。呆れてモノが言えません。

何百社、何千社という会社が、起業したと言われます。そして、太陽光発電のようなｋＷｈ当たり42円ないし30円というような、べらぼうに高い「電気」を一方ではどんどん作らせております。

先ず「市場」とは、間違いなく「競争」が前提です。元々は、今問題になっている東京の築地から豊洲に市場を移転するという、あの「市場」のことです。それが、現在では、証券や金融商品等まで「市場取引」が拡大されて行き、要するに「市場」とは「プロフィット（利益）」を求め、競い合う場なのです。従って、あくまで『高級品』すなわち良いモノは高く」、逆に『必需品』すなわち汎用品は安く」市場で調達することを目的に、多くの人達が、この「市場取引」を重視する訳です。

さて、それでは「電気」とは一体、どういう商品でしょうか。一言でいえば、「電気」は間違いなく、私たちにとって「必需品」であり、それは汎用品というよりも、寧ろ「公益的な必要品」でなければ意味がないとさえ考えられます。しかも、是非知って頂きたいのは、「電気という商品は、同質同量の唯の一種類しか世の中に存在しない」という特殊な商品です。別の言葉でいえば「電気」は、もともと空気と同じように、それ自体を商売に使い、売り買いで儲けようなどと考えてはならないものです。

よって、先ほどの再生エネ専用の「電力市場」を新たに創るということに、社会的に経済効果を生むようなものではないのです。更に理論的に考えれば、競争する市場で有効な付加価値を生むことが殆んど感じられない全く疑問だと言わざるを得ないものなのです。

おそらく、この市場で購入する電気は、一般の電気よりも高値で競り落とすことになるでしょう。kWh当たり例えば15円で買える電気が、30円とか或は一番高ければ45円という、2倍も3倍もする値段で買うことになります。しかし、15円の電気も45円の電気も、全く良質共に同じものです。しかも、今やIoTやAIは機械ですから、「電気」がなくては動きません。「電気」が命《いのち》です。したがって、「命」に当たるような商品を、市場で取り引きして、利益を得るような商売道具に使ってはいけないのです。

しかしおそらく市場を使ってこういうニッチな取引のようなことを考えるのは、頭の良い官僚でしょう。従って、次にはこういう「環境に優しい高い電気を買った企業や個人は、名前を公表して『こんなに環境対策に貢献している』と発表する」と言いたいのではないでしょうか。

なかなか、賢い作戦です。だが、宣伝効果は大きくても、これが実質的にわが国の地球環境対策を促進することに、どれ程役に立つかはとても疑問なのです。

**＊三重のロスを忘れてはならない**

もちろん、大企業でかつ応分のプロフィット（利益）を上げている「優良企業」は、こうした政策をしっかり支援するでしょう。しかし、その数は限られています。また、一度は高い電気を再生エネ専用市場で調達することに協力したとしても、景気が悪くなってくると、こうしたことはその会社の電気料金コストの大幅高騰になりますので、早速市場から撤退することになります。

すると、おそらく官僚は優遇措置を今度は考えるでしょう。よって、場合によると補助金を出すかも知れません。何たることでしょうか。こうなると、自分たちの失敗をプラスに転じるため、「三重のロス」が生まれるだけなのです。

ご参考までに**図7**に、「再生可能エネルギーの『電気』が『タダ』になる理由→本当は、最も値段が高いものなのに」、更に**図8**には、「3・11以降6年間で原発停止のため合計60兆円（推計）が失われた」ということを、わかり易く示しておきました。

少し横道にそれますが、その理屈を説明しておきます。

## 図7. 再生可能エネルギーの「電気」が「タダ」になる理由 ⇒ 本当は、最も値段が高いものなのに！

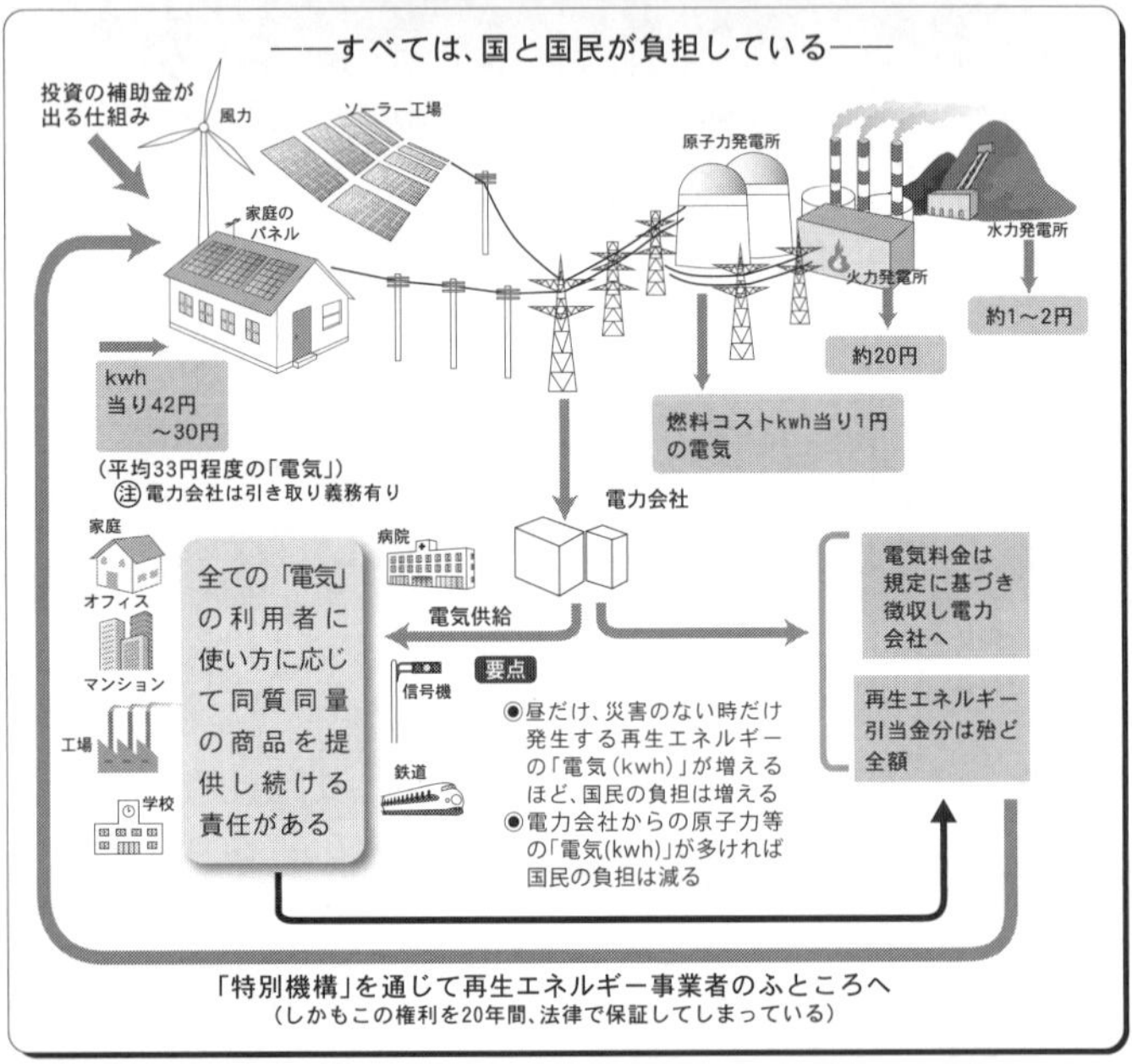

**図8. 3. 11以降６年間で原発停止のため合計60兆円（推計）が失われた**

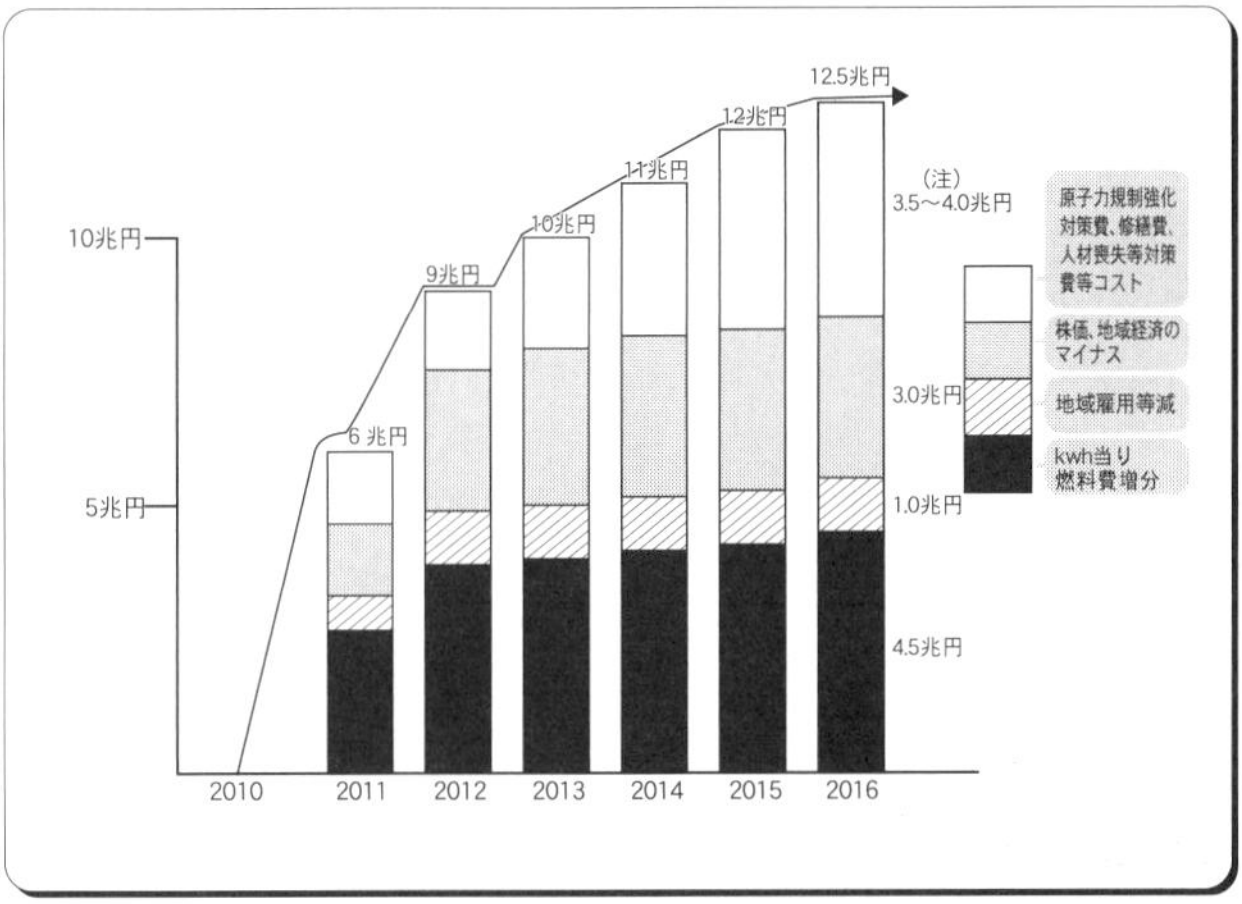


**参考図. 原発停止で失われた経済損失の６年間累計額は、わが国の年間社会保障関連予算を上回る**

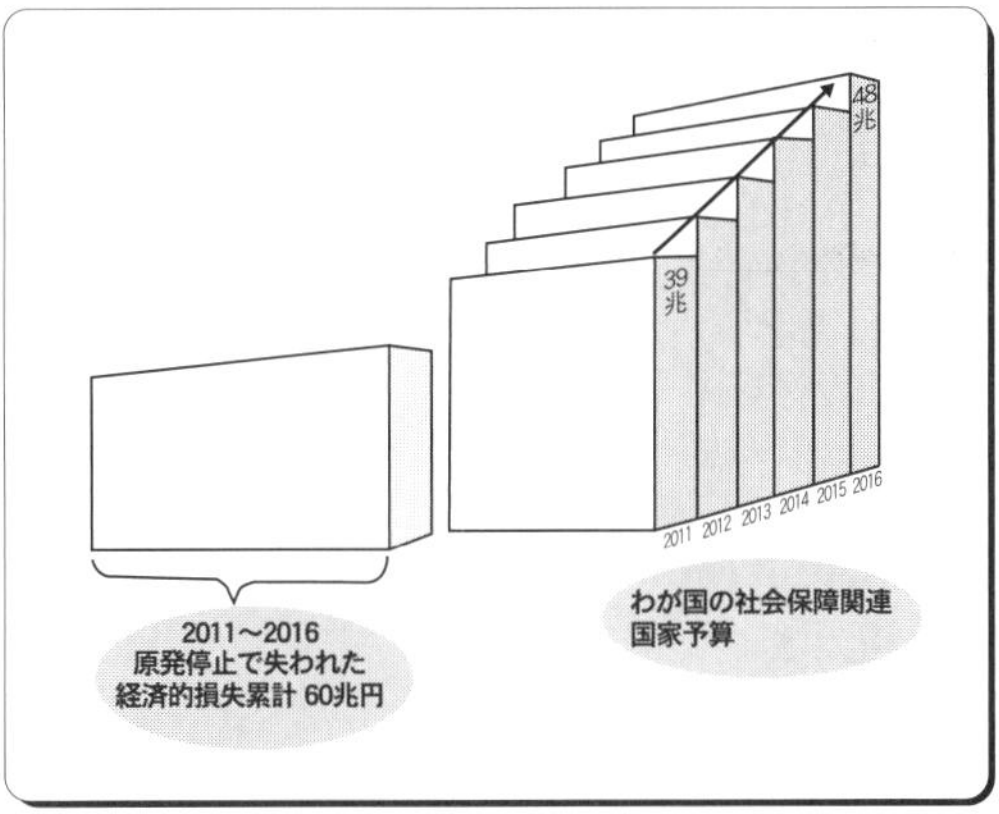

## ◇第1のロス　―太陽光発電バブル発生の原因

（注）詳しくは、拙著『きれいな地球にする覚悟』（財界研究所）164頁以下に、纏めております。

「再生可能エネルギー特別措置法」が、殆ど全員一致で国会を通過したのは、民主党・菅直人首相が辞任すると同時でした。この法律の成立と引き換えに、辞任すると首相が公言したと言われております。要するに、一言でいえば「太陽光発電所等を造り発電した電気は、kWh当たり42円で電力会社に強制的に買い取らせる。しかも、それを20年間固定し政府が保証する」という、とんでもない自由化どころか、逆に「独占権」を与える法律です。確かに、首相の辞任と引き換えにするだけの民主主義のルールを、逸脱する法律をこの時強権的につくったのです。それほど、発電の独占権を手に入れた人たちには、価値の在るモノでした。

当時、辞任した菅 直人氏は「早い者勝ちですよ、今申し込めば、どんどん認可します。何しろ20年間保証でkWh当たり42円で、電力会社に売れます」という趣旨の発言を、方々でしておりました。特別法をつくった本人である元首相が宣伝した通り、何と僅か2年後には太陽光発電だけで、合計約7千万kWの発電設備が認可されました。特別法制定以前から認可されていた560万kWを合わせると、合計7453万kWとなったのです。特に、太陽光発電に適していると見られた九州では、２０１４年7月までに、全体の4分の１に当たる１７５３万ｋＷも認可してしまったため、とても処理出来ないという大問題が発生しました。言うまでもなく、太陽光発電は他の電源と違って、天候や昼夜の時間に影響されるとても不安定な電源だからです。

例えば九州電力が供給している「電気」を作る設備（電源）は、概ね真夏の工場がフル稼働し、同時に冷房をみんなが一番使う午後2時頃のピーク、約１３００万ｋＷに合わせて準備されております。そして、夕方の5時頃会社が終わりみんなが帰宅の準備を始める頃には、１千万ｋＷを切ります。この時、太陽光発電が多いと他の電源、原子力発電や水力発電、更には火力発電を減らさざるを得ません。

ところが、更に夕方6時以降の日没時間になると、それまで強制的に買わざるを得なかった太陽光発電が、一斉にストップしてきます。ところが、このように太陽光発電がストップする時間は逆に、私たちにとっては夕食やお風呂や娯楽などの時間であり、人工の光の電灯やネオンはもちろん、冷房をはじめ途端に多くの場所で、「電気」が必要となってきます。先ほど、遂数時間前までストップしていた、原子力・水力・火力等の電源設備を早速起動して、太陽光のマイナスをカバーすることが必要になります。

「電気」を使う（すなわち電気という『緻密な物理的一定品質を確保しながら、瞬時に生産消費を連続使用することで価値が発生するという特殊商品』を）、こうした複雑な変動に対応し、国民全員が使い方に応じて、正に空気と同じように平等に使用出来るように、コントロールすること……正に電力会社は、こうした大変に高度な技術力の上に、豊富な経験と熟練を、「人間の組織力」によって積み重ねてこそ、初めて全ての電気の利用者（商品の消費者）が、全く空気を吸っていると同じように、（全く「電気」を商品として売買しているなどと意識することなく）常に利用出来る状態にしておく必要があります。

ここまできちんと「電気」の知識を持っていただくと、ようやくこの「電気という商品」を、水産物や農産物とか、貴金属とか、更に社債や株式などのように、売買の利益手段に「市場」で売り買いすること自体、疑問であることがおわかりいただけると思います。

以上は、正に政治政策を取り巻く集団に誘導され、かつ政治とそれを主導して来た政府と行政の、大きな失敗であったと言えます。

**◇第2のロス―電力会社と再生可能エネルギー事業者の取引調整業務発生と、電気事業者間の格差拡大**

次に取り上げる第2のロスは、上述の政治と政府行政の失敗が、結局は全くプラスにならない余分な仕事を地方行政当局に発生させ、電力会社を含め関係者に実質的な「認可手続き」の複雑さを与えてしまったことです。

すなわち、全くの無計画の下で、いわば「青天井」で再生可能エネルギー事業の起業を煽ったため、全国で３千社以上の起業家が現れました。

こうして、既に述べた通り、太陽光発電だけでも２０１４年10月時点で、７４００万ｋＷ以上の意欲的申請に基づく認可が成されましたが、このため現実問題として関係者に、本来全く必要でない仕事を引き起していることです。

例えば九州の場合、九州電力が太陽光発電導入の「限界値」を、現在５００万ｋＷと定めております。もちろん、行政当局との合意の上です。簡単に説明しますと、以下の通りです。

すなわち、これ以上受け入れると、九州電力管内の電気を利用している約１２００万人の人たちの「電気の利用に関わる重大な事故」、すなわち電圧低下や電流の変動、ひいては地域全体の「停電」を引き起す可能性があるという、いわば《限界値》です。

この《限界値》は、正に「電気」という特殊商品の物理的性質を反映したものと考えてもらいたいのです。それは、「瞬間的（地球を7周り半する《光》の速さと同じ）」スピードで、「電流」となって生産し消費されるものだからです。スイッチを捻ると、或はボタンを押すと、直ぐ電灯がついたり、パソコンが起動したりするでしょう。

しかも、「電気の電流」は、仮に家庭で使う100《ボルト》（V）とか200《ボルト》（V）程度でも、直接人間が触れると、電流のショックで突然人の命を奪うくらいの強力なエネルギーなのです。だから、もしも家庭の屋根の上に設置された太陽光発電の「電気」が、その家庭で消費されずに、余ったものが自動的に電力会社の送電線に「この分を引き取って貰いたいと『逆流』」してくると、どうなるかと言うことです。

一方電力会社は、同じ送電線で発電所から発電してそれぞれの家庭や工場などに契約通り「電気」を送っています。先ほどの、昼間発電した太陽光発電の「電気」の余りを電力会社に引き取って貰っている家庭や工場も、夕方になり太陽光が稼働しなくなると、途端に電力会社から「電気」を買わざるを得なくなるわけです。

そういう家庭や工場からの余った「電気」は、一軒では極少量であっても、何千軒と纏まると大きな発電量になります。更に何万kWと、太陽光発電所として沢山のパネルを持った会社からの「電気」が加わりますと、同じ送電線の中で「電力会社の電気」と「太陽光発電の電気」が、ぶつかり合うことになります。送電線には、高速道路のように分離帯が在るわけでは無いので、大型トラックが猛スピードで衝突するようなものです。

こうした、余計な業務の「ＧＤＰ」には、殆ど貢献しないロスが生じております。

**◇第3のロス　―　「新電力」事業者間の料金価格格差是正の不透明さによるロス増大**

上記のように、「再生可能エネルギー専用の『電力市場』」を創設し、高騰して来た一般の電気利用者に対する「再生可能エネルギー価格の負担」の増大に歯止めを掛けたいという方策は、上述のように政治政策の一種の思い込みによる失策であり、それが大きな国民的なマイナスを引き起していることは間違いありません。

しかも私はこうしたロスが、更にそれを是正しようと無理を重ねることで、一層無駄と負担と手数を国民にかけるだろうと思います。

すなわち、先ほどの「再生エネルギー専用の電力市場」ですが、あの新聞情報では、「値段が高くても環境に優しい太陽光などからの『電気』だけを、買いたいという人がいるはずだ」という趣旨のことを述べており、こうした市場が成り立つと主張しております。或は少し穿って述べれば、原子力発電などからの「電気」は買わないで、再生エネルギーの「電気」を買うようにしたいということかもしれません。

然し乍ら、そういう信条的な人がどれほどいるのでしょうか？　単純に考えても、僅かｋＷｈ当たり1円の同じく環境に優しい原子力の「電気」を買うのを止めて、おそらく市場で買えば最低でもｋＷｈ当たり30円、すなわち30倍もするような太陽光発電の「電気」を買う人がいるでしょうか？　甚だ疑問です。

それではというので、そのｋＷｈ当たり30円もする「電気」をそういう市場で調達した人には、政府が事業税や法人税を減免したり、或は例えば30円の3割10円分を補助するということになったとします。

こうなると、何のことはありません。元々ｋＷｈ当たり42円という高い値段で補助した再生エネルギーのｋＷｈに対し、再度ｋＷｈ当たり10円の「二重補助を与える」というような、誠に矛盾だらけのことが平気でまかり通ると言うようなことになりかねません。

以上、3つの「ロスが生じること」について、分かり易く述べました。

最近、再生可能エネルギーの太陽光発電とか風力発電が、欧米では既に石炭火力よりも安いｋＷｈ当たり数円の値段になっている。日本でも、まもなくそうなると主張する論者が居ります。実態を詳しく調べたわけではありませんが、もしも本当だとすれば、理由は次の三つだと思います。一つは、場所が米国のカリフォルニア州とか、アフリカや中国やモンゴルなどの砂漠地帯などのように、日本の何十倍もの広大な面積で事業が行なわれていること。二つには、そういう場所では、日照時間が日本の二倍以上に大きいこと。三つ目には、公的機関の補助政策とか、事業主が他の収益から補てんしているということ、この三つしか考えられません。そうではなく、技術革新でコストが下っているからだという理由だけでは、とても理解出来ない話です。6年前に民主党政権が始めた電力自由化は、日本のような「文明度が極端に高く、電気の超安定性が求められ、かつ無資源の列島国家」では政治と政商たちの食いものにされるだけであり、経済成長にもエネルギーの安定も決してならないと、何度も何度も述べてきました。その後政権を取った自民党政権にも、今のような電力自由化を進めたら、きっと近々問題が起きると何度も警告してきました。

しかし、安倍首相を取り巻く人たちが、「電力の独占という岩盤規制を打破る」というセリフを作り、成長戦略手段の売り物にしてしまいました。そうして、今現在も2020年、すなわち東京オリンピックの年に向って、電力会社の「発送配電事業分割」の方針が、そのまま進んでおります。

**図9**「『独占』という言葉に囚われて、一体化でなくてはならないモノを『岩盤』と称

して打ち砕く場所を間違えている」をご覧ください。

すでに、電力会社は自由化によって、普通の会社では考えられないような、厳しい経理と財務のチェックを、監査人からだけではなく監督官庁の経済産業省や公正取引委員会、更には投資家や株主からも受けております。正に公益的事業であり、自分の経営に都合のよい送電線や発電所の、恣意的な運行など全く行えないシステムが出来上がっています。「独占的運用」など、行えるはずがありません。それにも拘わらず、「図9」に見られるように、電力事業を叩きのめしてしまった状況です。

このため、ほくそ笑んでいる人たちがいるはずです。だが、それが政府の成長戦略に本当にプラスになったのでしょうか？　その検証は、全く行われておりません。寧ろ、そのマイナスのつけが、先ほどのような「原子力のｋＷｈの一定枠を取引市場に出させ、新電力を応援する」と言うような、とんでもない施策を考えたりする方向に動いているのではないでしょうか。

こうした、マイナスの結果をカバーするためということもあってか、漸く今頃気が付いた政府は、必死で全国の原子力発電所の再稼働を進めようとしています。それは当然でしょう。何しろ、先ほどの例えば「太陽光発電」強制買取りのつけが、すでに当初の10倍近

**図9. 「独占」という言葉に囚われて、一体化でなくてはならないモノを「岩盤」と称して打ち砕く場所を間違えている**

（説明）
1. 電気事業は、空気や水と同じく今や日本人が生きていくための必需の公益的エネルギー商品です。
2. しかも生産と消費が同時に連結して行われ事業は、「独占」とは全く意味が違います。「電気」は生産から販売まで「一体化」でなくては、安定供給に不都合が生じます。大停電が、起きる可能性が在ります。
3. もしも、同じ公益的事業のＪＲなど鉄道会社が、「レール」と「車両」と「電気エネルギー」と「乗客サービス」とを、別会社にしたら、甚だ大きな混乱が生じるのではないでしょうか。

くに膨れ上がっております。

例えば、私自身がオール電化で毎月年間平均1万円程度の電気料金を支払っておりますが、5年前の2012年頃は、「再生可能エネルギー引当金」という名目の金額は100円程度すなわち1％ぐらいでした。

それが、2013年　300円（3％）

2014年　500円（5％）

2015年　700円（7％）

2016年　1000円（10％）

というように、急激に増大しています。

そして、仮に私が負担している現在毎月「1100円」という金額は、オール電化ですので、少し高いと思います。全国民の所帯数約4千万軒の平均は、その7割程度だとして考えると、1軒当り700円ですので、合計280億円になります。即ち年間3360億円にもなります。

それだけではありません。これに、企業に課せられている分を加える必要があります。それが、国民所帯当たりの約3倍程度だと考えると、合計年間約1兆円です。

　その金額が、電力会社が発行している電気料金の領収証の中に含めて「再生エネルギー引当金」と表示して一緒に書かれております。だから、恰かも電気料金として電力会社に支払っているように見えるのです。しかし、それは全く電力会社は徴収させられているだけであって、電力会社の収支とは全く関係無いものです。それが、今述べたように１兆円にもなるのですが、こうして殆んど国民のみなさんが気付かないうちに、堂々と徴収されて、特別にｋＷｈ当り40円とか30円もする太陽光などの発電事業者の収入になっているということです。

　こうした金額の大半がおそらくこの再生可能エネルギー特別措置法という法律を作った時の、政権を動かしていた政商たちの所に、しっかりと行き渡っていることは間違いないでしょう。もちろん、こうした特別に保証され、電力会社に強制的に買い取らせた「電気（ｋＷｈ）」も、即座に電力会社を通じて消費者（国民）に売らなければ、商品としての意味は在りません。ですから、電力会社を通じて売られた電気（ｋＷｈ）の原価（料金分）は、差し引かれますので、多分１兆円の半分程度すなわち残りの約５千億円が、再生可能エネルギーを事業化した人たちの所に、そっくりそのまた入る勘定になります。しかもその金額は設備の償却（約５年間で）の完了と発電量の増加によって、どんどん増えていきます。もちろん、それは全て国民全体が負担していることを忘れないでいただきたいと思います。

もちろん私は、無資源国日本において、太陽光や風力や地熱等再生可能エネルギーが、原子力発電の電気と共に必要であることを、十二分に認識しております。しかしながら、ここで累々述べましたように、再生可能エネルギーのわが国への導入のやり方が、何人とも日本人の「武士道の精神」に全く悖るような、卑屈なやり方で行なわれていることが、我慢ならないのです。

## 6・戦後日本人の「おもてなし」形成の裏に「電気」あり
### ――発送電配電一貫体制を崩す負の遺産の怖さ

2017年4月からの、「電気」の取引についての完全自由化を前に、色々と宣伝がましい話が出てきました。

聞いていて、困ったことにその内容が、全く「電気」についての誤解であることも甚だしい、呆れるばかりの内容です。然し、そうしたことが、最近世の中に横行しており困ったことです。

全くの根拠がないモノもありますが、特に困った発言は「当面の（少なくとも、この10年間ぐらいの）こと」と、ずっと将来の予測とを混同して、都合のよい内容に仕立て挙げられているものです。

例えば……

「曰く、もう既存の電力会社なんて、要らないよ！　再生可能エネルギーの『地産地消』でやって行けるのだから」

「曰く、原発の電気は安いなどと言うのは、電力会社の誤魔化しです。廃炉費用や使用済み燃料の廃棄や再処理費用を上積みすると、風力や太陽光よりもずっと高くなる」

「曰く、『もんじゅ』も廃炉にするしかない。原子燃料のリサイクル等夢物語！」

「今や『水素エネルギー』が、地球温暖化問題を解決すると同時に、自動車から家庭の電気も事務所の電気も、十分賄える時代になってきた。そのうち、巨大な発電所や送電線なども不要になる」

「同時に、『蓄電』が大量に可能な電池が、開発されるようになってきた。よって、大容量の発電所は原子力発電所を含めて、要らなくなる」

こうした、予言的な宣伝が、「電気」という商品を生産し販売するための《手段》として、懸命に唱えられているのです。全国で起業し、これから「電気の商売」で一儲けしようと志す人たちが、何千人もいるからでしょうか。単に、それだけではないようです。

何故でしょうか？

**＊「電気」は付加価値も増産にも繋がらない商品**

言うまでもありません。その理由は、少なくとも3つあります。

第1に、「電気」という商品は、他の商品と違って「その商品自体では、全く付加価値を生まない」ということです。

これに対して、ペットボトルに入った飲料水は、同じ原料は「水」でも香料を入れたり、お茶や炭酸水を混ぜたりなどの工夫をして付加価値を高めています。よって、同じ720ミリリットルのボトルが、100円のものから、3倍の300円以上もするものに化けるのです。

だが、「電気」は、そうはいきません。

何故なら、この商品は全く均一のエネルギーとして出来ていなければ、更に連続して「瞬時も途絶えることなく使用できるように生産し輸送し小売り」してくれなければ、消費者が使えないからです。しかも、日常生活の中で「空気のように、人間が生きるために無意識に使えるモノ」でありながら、とても品質の高い高級品。だが、値段は安い程良い

## 図10. 「電気」という商品と「コンビニ」の商品の違い

◉コンビニのペットボトル。「水」をいろいろ加工し付加価値の有る商品が創れる。

（デザインや型もいろいろ、中身もいろいろ、値段もいろいろ）

◉「電気」という商品は、連続して使うもの。しかもどこから買っても品質は使い方で変わるだけ。——見えない、匂い無し、触ると危険

**コンビニでは、「電気」は売っていません**

→ **1種類しか在りません**　違うのは値段（電気料金）

◉「電気（kwh）」の小売りを自由化したからといって、「水」のように加工して「電気（kwh）」という商品の取り扱い数量が増えるわけではありません

新電力との契約　卸市場　小売市場　従来契約通り

↑

**消費者は値段（電気料金）が何故違うかを確かめる必要があります**

というものです。
こんな、便利なものは他にありません。

第2に、みんなが地球温暖化に貢献しようということで、《省エネルギー》を徹底し始めました。要するに、「電気」の使用を節約し始めたのです。夏になると、皆が省エネルギースタイルの「クールビズ」というシャツなどを、身に着けるようになり冷房装置を使わない、すなわち「電気」を節約し始めたからです。

第3に、人口が減り始めました。10年後には、1億2600万人の日本人の数が約1割、1000万人減少すると言われております。要するに、その分だけ確実に「電気」の需要が減るということです。

このように、付加価値も増産も期待できないのが、「電気」という商品の実態なのです。だから、いくら「われわれ《新電力》が活躍します」と、先ほどのようないろいろな宣伝をしても、空回りになることは必定なのです。

「図10」に、「『電気』という商品と『コンビニ』の商品との違い」を、わかり易く描いておきました。

## ＊「当面の問題」と「近未来との課題」の混同

もう一つ、このことに関連して、私が何時も気になることが在ります。

それは、今現在すなわち来年4月からの「電気」の取引すなわち売買の全面自由化を控えての、《「電気」という商品の動向》はどういう状況なのか……それを、正確に購入取引を始める国民の皆さんに、「正確に伝える」ということの必要性があるということです。

先ほどの「新電力」を中心とした方々の宣伝文句を聞いていると、この点が全く正確ではありません。

特に、次の3点です。

再生可能エネルギーがこれだけ豊富に開発されるようになった。しかも、地産地消である。だから、原子力発電所などはもう要らない。

電気自動車がどんどん普及している。その燃料の「水素ガス」がふんだんに造れるようになった。これさえあれば、どんどん自動車が「電気」を生産するので、今迄のような巨大な発電所も送電線も不要である。

更に、大量に「電気」を蓄電できるようになってきた。その蓄電した「電気」を上手に国民に提供する「ネットワーク」があれば、今迄のような電力会社は、もう要らなくなる。

大きく宣伝文句を要約すると、このように3点になります。これを聞くと、今でもそれが直ぐに実行されるような錯覚に陥ります。問題は、この3点のどれを取っても、直ぐに実現できるものはありません。一つずつ、解明していきましょう。

**【課題1】原子力のkWhは本当に要らないのか**

現在全国に、約40基4000万kWの原子力発電所があります。6年前の福島第一原子力発電所の事故以来、その殆どが止まった儘です。「止めさせられている」と言った方が良いでしょう。

先ほど「図8」に、3・11以降6年間原子力発電所が停止していることに拠る、累計損失が60兆円にも及んでいることを示しておきました。

これは、全国の話ですが、もっと具体的に述べますと、例えば九州電力では、ごく最近になって、漸く鹿児島県にある川内原子力発電所78万kWの2基が稼働しました。現在出力80%以上の稼働率で、順調に運転を続けていると言われます。このため、九州電力は、川内原発が動くまで毎月50億円の赤字が出ていたのが、約20億円減って30億円のマイナスになったと言われます。僅かに一株5円の配当金ですが、株主に還元すると同時に、今迄カットし続けてきた従業員のボーナスも若干支給出来たそうです。更に、佐賀県の玄海原子力発電所が全部運転し出すと、残りの毎月30億円の赤字も解消されるわけです。それほど、この原子力のkWhの貢献は、現実に大きいのです。それは原子力から生産される「電気」のkWhの単価が、燃料費僅かに「1円」だからです。

これに対し、再生可能エネルギー（例えば一番多い「太陽光発電」）が生産する「電気」のkWhの単価は、公定価格で平均約33円（一番高いのは42円、安いのでも26円）と、何と33倍もするのです。

「新電力」と称する起業者の多くが、こうしたkWh当たりのとても単価の高い値段で、再生可能エネルギー特別法という法律に守られて、強制的に電力会社に生産した「電気」を引き取って貰っております。（注）これが20年間保証され不変なのです。

特別法に守られている理由は、原発の代わりに「地球温暖化に貢献出来る自然エネルギーだから」と言う理屈です。よって、6年前の当時の首相が「早い者勝ちですよ」と言った時、こうした発電の権利を即座に生かして太陽光や風力などの発電所を、続々と野山を切り開き、田畑を活用して造った、ごく一部の「起業家」は存分にこうした利益に有り付きました。

よって、「再生可能エネルギーだけでkWh十分です。原発のkWhは不必要」と本気でいわれるのなら、直ちに少なくとも「30〜40倍」もする「電気」という商品……しかも、「日本人が生きていくための生活必需品を、今後買ってでもなんとか我々は生きていきます」と言うことを、主張していることになるわけです。

何しろ、これから20年間もこのように「高価格でかつ付加価値も全くない『電気』」が、この国に存在し続けるのです。

もしも、原子力発電所から生産できる「電気」のkWhがなくなったら、おそらく安価な資源を国内に持たない日本人は、こんなに高い「電気」を使い続けるわけがなく、直ちに世界の中で「最極貧国」に転落する運命にあるのです。

**【課題2】電気自動車と水素エネルギーがあれば、「電気」の利用は十分か**

こんな夢のような世の中が実現出来れば、万々歳です。

ずっと先の将来、科学技術の進歩で、しかも日本の技術できっと「水と空気」だけを活用した「水素ステーション」が、出来上がるでしょう。

そうなると、家庭や工場の自家用自動車が傍にあれば、運転が不要な時に「電気」を生産させて、それをみんなが使うことが可能になるでしょう。完全に環境問題を解決した、世の中が実現するという期待は、実に大きいと思います。

だが、これには２つの大きな課題があります。

１つは、現在の「水素エネルギー」の生産工程は、「水」ではなく、あくまでも他のエネルギー源例えば石炭や石油や天然ガスを、分解し活用していることです。

２つには、発生した「電気」の「蓄電」という大きな課題があることです。

先ず、現在の状況は「水素エネルギー」を出来るだけ、環境問題に影響の少ない燃料源、例えば「石炭」よりも「石油」。「石油」よりも「天然ガス」。「天然ガス」よりも「再生可能エネルギーまたは原子力」。或いは「鉄鋼など工場からでる『排ガス』」などと、沢山の選択肢の中から出来るだけ、①原料コストが安いモノ　②$CO_2$など地球環境にやさしいモノ　③輸送コストが掛からないモノ　等の観点から、検討研究されていると思います。

更に、化石燃料を活用する場合、発生した$CO_2$をどのように処分するか（地中への埋め戻しも含めて）も、重要な検討課題であると言えます。

正直に考えて、これらの課題がどのような時間軸で考えられているのか、未だ正確な予測は出ておりません。

従って、これから少なくとも「20年間」ぐらいは、「水素ガスエネルギー」を「電気」

として本格的に活用することになる、その《タイムスパーン》を持つことが最低限必要なことではないかと考えられます。

**【課題3】空気と水から水素エネルギーを大量に生産する技術達成は？――蓄電の技術も重要**

更に、もっと重要な課題が、究極の水の分解作用を利用してダイレクトに、水素ガスエネルギーを生産するという、夢の実現です。

化学的な専門知識のない私に、本件を語る資格はありませんが、種々専門家に意見を聞くことを通じての現状では、未だ50年ぐらい先のテーマだという段階のように思われます。こういうことこそ、日本人の組織力を生かした智恵の結集によって、必ず生み出すだろうと期待いたします。だが、かなり先のことのような気がいたします。

同時に、仮に「水素エネルギー」が、「水」の分解で簡単に生産できるようになったとしても、一体それを活かして作った「電気」が、どれだけ沢山蓄電出来るかも極めて重要な課題です。

おそらく大量の「電気」とはいえ、それは現在も見られるように、「乾電池式」にして蓄電する方法が、最も合理的だと思われます。

また、生鮮食料品などは「冷凍技術」の進化によって、最近では1年以上も新鮮さを保ったまま在庫保管することが可能だそうですが、「電気」の保管保存技術は、そう簡単ではないようです。「電気」は放電していくのをどうやって防ぐかというようなことも、これからの大きな課題だと考えられます。

《参考事項》

最近、東日本大震災の強烈な「ツナミ」で事故に遭った東京電力福島第一原子力発電所の廃炉・賠償等のコストが総額21・5兆円となり、東電は15・9兆円を負担することになると発表しました。この赤字を解消するために、東電は今後30年間に亘り負担を続ける必要があるとも述べています。大変なことであることは、間違いありません。しかし、本件をここで私が述べている「原子力の必要性」とを混合されないでいただきたいと思います。もちろん、こうした事故は、これから起こしてはならないことは、いうまでもありません。だか、これはあくまで誠に残念ながら起きてしまった「事故処理」のことであります。ここで述べる「電気（ｋＷｈ）」の必要性という一般的な話題とは、是非切り放して、ご判断いただきたいと思います。

**＊「電気」は、全ての人間活動の《基幹的おもてなしの材料》**

兎に角、私たちの先輩たちは、自国に全くと言ってよいぐらいエネルギー資源を持ち合わせていないのを深く自覚した上で、先ずは安定的な原子力発電を、それからかなり変動が激しく不安定ではあるが、原子力同様に地球環境問題にもやさしい再生可能エネルギーの導入を積極的に図り、わが国の伝統的な美しさを世界に示すことを積極的に展開して来ました。

その結果、4年後には東京オリンピックの開催を勝ち取ったという次第です。よって、私どもはしっかりと「おもてなし」を考えなければなりません。

しかし、地球温暖化のせいでしょうか。ご存知のように今年も、異常な気象状況が続いております。ちょうどオリンピックが開催される4年後の日本列島の8月前後の時期が、自然災害だけでなく、サイバー攻撃や或いはテロ事件のようなことをも含めて、現在よりも穏やかになっていることを祈念したいと思います。

そうした望みをかけながらも、現実の動きは予断をゆるさない状況が渦を巻いております。このためには、少なくとも全ての活動の《基幹的おもてなしの材料》を、どんな天変地変が起きても、きちんと保っておくことが必要であり、また極めて重要な命題であることを忘れてはなりません。

## ７・「おもてなしの国」に地域別発送電配電一貫体制復活の必要性

南米ブラジルの第二の都市、リオデジャネイロでオリンピックが開催されようとしていたその直前、２０１６年７月14日21時26分、日本列島で又もや巨大な地震が起きました。しかも、まさかと思われるような、全く思いも寄らなかった九州の熊本県で起きたのです。また、この地震ですが、実はこれはマグニチュード６強の大きな「余震」だったのです。そして、マグニチュード７の「本震」が、翌々日17日の午前４時に起きたのです。このため、県内の約４割に当たる地域に大きな被害が生じました。しかも、それから約２カ月間に亘り２千回以上の地震が、同じところに起きるという異常なものでした。

政府は、この地震をかつての神戸や新潟に継ぐ「激甚地震災害」に指定し、積極的に普及復興支援を行うことにしました。その後蒲島熊本県知事のリーダーシップも在って、極めて速い復旧と更に、単に復旧するだけでなく「創造的復興」という目標に向け、被災した県民の立ち直りのための政策を懸命に展開している状況です。

その内容については、すでに前の編で紹介したところですが、敢えて私が改めて取り上げたのは、こうした状況の中で、今回も「電気」の復旧の速さが、如何に着実に災害からの復旧・復興に貢献したかを知って貫いたかったからです。

特に、今回の地震は「直下型の、しかも日本列島を縦断する断層帯に沿った細長い地域」を襲ったものでした。

このため、東日本大震災のような「津波」の怖れはありませんでしたが、災害地が長い地域に亘り山岳地帯まで含めて被害が及んだため、主要道路やそれに沿った送電線などが破壊されました。要するに、第一回目の余震と本震に伴って、24万世帯約50万人の人たちが、完全に「電気」の《光と動力》を失ったのです。

「電気」がなければ、人間は全ての生活手段と情報手段を失ったのも同然です。

**＊電力会社10社が即座に連携し、僅か4日間で熊本地震の停電完全復旧**

この熊本激甚地震災害において、私が最も感心したのは、九州電力が全国の電力会社、具体的に述べると、北から北海道電力、東北電力、東京電力、中部電力、北陸電力、関西電力、中国電力、四国電力、沖縄電力に一斉に呼び掛け、復旧工事のために電源車をこの全国10の電力会社から、1000台以上を直ちに動員して、その組織力と強調共同する匠の技術技能力で僅かに4日間で、停電した全ての家庭や事務所や工場などに「電気」を供給したことです。

**図11**は「熊本激甚地震災害の大停電を僅か4日間で完全回復させた電力会社の組織力」

## 図11. 熊本激甚地震災害の大停電を僅か４日間で完全回復させた電力会社の組織力

平成28年熊本地震に伴う復旧対応地域（概要図）

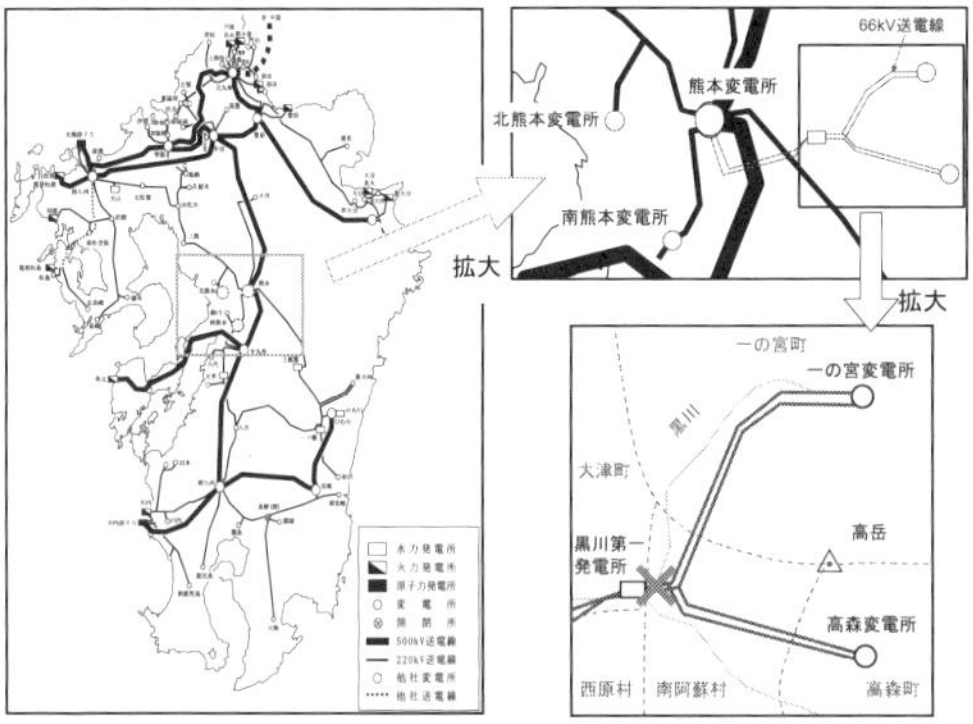


（注）九州電力ホームページより

**特徴**　（2016年４月16日　1:25　168,800戸が停電）

1. 九州電力は、発送配電一貫体制の下、他の９電力会社に緊急応援を要請 →　電源車約１千台が集合
2. 僅か４日間（４月17日～20日）で、完全に停電を解消。

〈ちなみに、水道、ガス共に10日間を要している〉

を示したものです。

ところがこのような基盤的に災害復旧に貢献する電気やガスや水道の能力回復の、素早い「貢献度」については、あまりニュースにもなりません。しかし、特に「電気」の復旧が、僅か1日間早いだけで、おそらく人命救助救出はもちろん、災害防止活動にどれ程貢献しているか……そこに計り知れない力強い下支えの効果があることを、非常に強く感じる次第です。

これこそ、日本人の本当の「おもてなしの心」に繋がるものだと考えられます。しかも、その原動力は何か。そこが、とても重要なことです。

それが、わが国の電気事業を担っている「電力会社」の公益的精神という、強い伝統による「組織力」だと思います。

この「組織力」は、何から来ているかと言えば、「電気」という特殊な商品を、恰も空気の如く供給していることが、「電気」の消費者である国民全員に対する、最大の「おもてなし」だという認識にあることを、特に強調したいと考えます。

**＊3分間待てない日本人の気質に応える電力会社の「気概」が源泉**

私はとても悔しくて仕方がないのですが、日本の電力会社の純私企業でありながら、徹底的に「電気」を空気の如く、公益的に国民それぞれの使用目的に従い、供給してきた電力会社の姿を、「独占」だと言って、欧米流の電気の生産部門と流通部門と更に小売り部門に、分割してしまいました。

ところがこの、誰もが「使っていることさえ無意識に」、しかし使わなければならない「空気」のような存在が、「電気」なのです。少なくとも、日本ではそう考えられてきました。だから、欧米人のように何でも「商売の手段にしようとした真似事」は、完全に間違いなのです。はっきり申し上げますが、今でも、こうした政治的に国民の意志と称して強権的に電力会社を分断してしまったことは、誤りなのです。そのことをわかって頂くために、次のような点を考えてみて下さい。

実は、先ほどから述べるように、「６つのＳ感覚と６つのＦ感覚」という特殊な繊細な「感覚」を持っている日本人は、「電気」が仮に停電したとなった時、僅か「３分間」以上待てない民族なのです。

今から62年前、私が電力会社に入社して間もなくの頃は、「電気」が足りない時代でした。しかも、充分な送電線とか各家庭や事業所に「電気」をお届けする配電線もおそらく老朽化したままだったのでしょう。だから、しょっちゅう停電しました。

それに、あの頃も、やたらと台風がやって来ました。名前がしゃれておりました。何故か、欧米の女性の名前を使って、「キャスリン台風」とか「マリーン台風」とか呼んでおりましたが、途端に電線が切れて停電が多発します。すると、本当に不思議なことですが、正に3分間が限度です。必ず、電話機が鳴り続けます。「早く停電を直せ」「まだか、早く復旧しろ」のいう連続電話です。遂には、営業所などに押し掛けて来ます。作業員全員が現場に駆け付け、電線をつなぐなど懸命に頑張っているのに、兎に角待てないのです。

「後30分以内に復旧しないと、明日の料理の仕込みが間に合わない！　何とかしろ」というような、未だ台風が吹き荒んでいるのに、正に喧嘩腰の押し掛けです。

そんな経験をした後、ちょうど10年間ぐらい経って、ヨーロッパの電力会社に留学したことがありました。或る時、フランスの電力会社の管理職の方の、立派な自宅の晩さん会に招かれたことがありました。

その晩、生憎強風が吹いていたからだったと思いますが、ちょうど宴会が盛り上がっていた時でした。突然停電したのです。だが、殆どみんなが、仕方ないという状況でした。その家の管理職のご主人は、電気が灯くまで、ローソクを用意しようと言いました。そのことをお手伝いの人たちに指示すると同時に、穏やかに10人ぐらいの招待客に告げました。

みんな、3分間どころか15分経っても普段のように会話をしたり、グラスを傾けたりしながら、懇談しております。そのうち、漸くご主人宛に会社から、停電についての電話が掛かって来たようでした。それに、主人は穏やかに返事をして電話を切りました。

これが、日本だったら全然違うと思いました。フランスの電力会社の重要な管理職の主人が、自分の会社の電気が停電したのに、「早く何とかしろ」とかいうことも言わないのはおかしいと思い、私が「食事中だしみんなが困っているので、早く電気をつけるように、催促はされないのですか？」と尋ねました。

すると、主人が言われました。

「担当部門の人たちは、今も電話が在りましたが、兎に角何時も一所懸命にやっております。だから、任せるしかありません。明日の朝には復旧するそうですから」

と、こんな具合です。

これが、私ども日本の電力会社だったらどうでしょうか。例えば、逆にフランスの会社の役員を、○○電力会社の役員の自宅に招待していたとします。その時、もしも停電事故が起きたとしたら……その場面を想定してみます。
＊「えつ。停電！」と言って○○電力の役員は、飛び上がる。
＊直ぐに、電話口に飛んでゆく↓大きな声で「どうしたんだ！」と怒鳴る。
＊ご招待されているフランスのお客さんは、びっくり仰天↓「何で怒鳴っているのだろうか？」と、不思議に思う。
＊こうして、「3分間」以内に返事が来ない、また会社に電話する。また怒鳴る。「何をしているのだ。原因もわからないのか……何！火力発電所の事故？　馬鹿もんが、何をしている！　早く、別系統から電気を送れ」などと、叱咤するところでしょう。
＊こうして、少なくともどんなに長くても、10分間以内にはパッと「電気」が灯る。
＊フランスからのお客さんは、「驚いた、こんなに早く復旧するなんて」と、大変感心しております。フランスの電力会社だったら、数時間あるいは翌日復旧というところでしょう。
＊だが、この日本の○○会社の役員さんは、頻りにお客さんに謝っております。「すみません、何と10分間も真っ暗な中で、不愉快な気持ちにさせて、申し訳ありませんでした」

## 図12.「電気」に対する信頼（依存度）は日本人と欧米人で大きな違いがある

**日本人**

①停電すると3分間待てない性格
②よって「電気」が無ければ何も出来ず
③ちょっとした故障でもすぐ電力会社に電話を掛ける
④「空気」と同じように「電気」を使っている。……「電気」を使っている時、「使っている感覚無し」
⑤電気料金の急激な値上げ無しと思っている

※2016年10月12日15時埼玉の地中送電線事故で、東京都内58万戸が停電。約1時間30分ぐらいで復旧しましたが「3分間待てない日本人」は大騒ぎでした。

**欧米人**

①停電しても騒がず⇒電力会社が懸命にやっているのだからの感覚
（但し、本当に数日間停電となり、身の危険を感じると自主的に避難）
②「電気」が無い時、他の手段で我慢
③「電気」を商品として買っているという意識あり
④電気料金の動向に敏感⇒「市場」取り引きなども活用する。

――というようになる。確かに、暗闇の中でお客さんを前に、本人が怒鳴り散らしたことで「不愉快」にさせたことは間違いありません。しかし、寧ろ外国人から見ると、わが国で停電があった場合、その復旧の速さに驚いたのではないかと思われます。

ざっと、こんな具合だろうと考えました。

**図12**に、「『電気』に対する信頼（依存度）は日本人と欧米人で大きな違いがある」という具体的な比較を示しておきました。このように、考え方や感覚を異にすることを、充分踏まえて「電気」の扱いを《単なる真似ではなく、果たして国民のために役に立っているかどうか》、そこを判断するのが重要なのです。

**＊「電気」の生産から販売までの「組織的責任体制」を崩してはならない**

旧知の蒲島郁夫熊本県知事が、三期目の就任を終えた、正にその当日の夜21時26分に今回の熊本激甚地震災害は発生しました。

「何という、厳しい自然の挑戦と言えようかと思います。しかし、私は何度も逆境に晒されながら、それを乗り越えて来ました。今回も、この逆境の中で神が与えてくれた試練です。この試練を克復して、災害の1日も早い復興、そして《創造的復興》を計り県民の最大幸福値を追求していくことが、私に科せられた運命であると自覚しています」

震災後ちょうど1か月後の5月14日土曜日、知事公邸を訪問し、慰労の言葉を述べると共に、知事が早々に打ち出した「創造的復興」の前向きの方針を強く評価し、かつ具体策について若干の私見を披露しました。

当時、知事には休日なし。毎日のように疲れもいとわず、分刻みの公務に専念しておりました。そんな中で、蒲島知事が最も感謝していることの一つが、24万軒の停電を僅か4日間で復旧してくれていたことでした。

「電気がないと真っ暗だし、水道も冷蔵庫もテレビも、そしてエレベーターも交通信号も停まってしまいます。病院も開業出来なくなり、鉄道はもちろん、通信さえ出来なくなります。商店街やスーパーやコンビニも機能しないでしょう。電気は空気と同じ、日本人が生きる必須の手段です……災害があって初めて気が付くことですね」

知事は、私の顔を見ながら、しみじみと話してくれました。

先の「図11」に描いてある「熊本激甚地震災害の大停電を僅か4日間で完全回復させた電力会社の組織力」という図を、もう一度ご覧ください。

場所は、大半の崖が崩れたり、道路などが寸断されているようなところで、しかも道幅が狭くて、車が通れるかどうかもやっとというような場所が広がっております。

しかしこの時、地元の九州電力が全国の同業各社に特別至急の連絡を入れました。全国（お互い普段は競争相手）の沖縄電力から北海道電力まで、9社の電力会社（九州電力を入れると10社）に、停電解消復旧協力の依頼をしたわけです。

すると、全く予想もしていなかった「熊本」の地震災害であったにも拘わらず、9社は即座に応じてくれました。こうして、約1000台の電源車が翌日には災害の現地に到着し、それぞれ場所別に区分した地域を分担して、懸命な救出作業を実行したという次第です。

この話を、外国から来た人にしますと、概ね「そんなこと本当に出来たのですか？」と、先ず疑問を持たれます。そのはずです。すでに述べた通り、特に欧米の人たちの感覚では、このような大停電が僅か「4日間」で回復するなど夢のようなことだからです。

そうしたことが可能なのは、正に「電気」が空気のように感じられるくらい必要な私たち日本人の暮らしを支えている根本だという点ではないでしょうか。そして、外国の人たちが驚くくらいにそれが可能なのは何故かを是非考えて見る必要があります。

そこに、定住民族の私たちの祖先が築き上げてきた「組織力」があり、かつ「電気」という特殊な商品を、間違いなく空気のように届けられる「体制」が、私企業でありながらきちんと出来上がって、その会社が「１００年企業」を目指し、地域社会を下支えする事業として創り上げ育て上げられているからです。

私は、今からちょうど65年前に苦労して、「日本にはこれしかない『逸品』だ」として創り上げられた「９つの地域別発送電配電一貫体制の電力会社」が、あるからだと思います。

当時から「生産者の製造物責任」をきちんと踏まえ、かつ不当な付加価値が利益として発生しないような「総括原価方式」によって、組み立てられたわが国独特の経営形態があったからこそ、可能だったと言えるのではないでしょうか。

よく私は、「鉄道事業」を例に取り説明しますが、仮に例えば今回めでたく、東証１部に上場し、完全民間企業になった「九州旅客鉄道㈱（ＪＲ九州）」が、「発送配電分離」のようなことになったら、うまく行きますか?……と、関係者にお話することがあります。

「列車を動かしている電気の供給部門」「列車の車体提供部門」「鉄道の線路部門」「信号機などを含む通信機器部門」「乗客を扱う切符売り場のような小売部門」などに、要するに発送配電分ぶもん離と同じようなことをしたら、どうなるかということです。もちろん、そういうことになっては、誠に困ります。そのようなことをすれば、非効率であることはいうまでもなく、事故も多発したりして、国民に大変な迷惑が掛かることになるでしょう。

鉄道もＪＲに限らず、多くの私鉄も含めて、時々事故や事件が発生します。それでも正に「系統一貫の運営形態」になっているから、責任ある経営が行なえるのではないでしょうか。私は、そう申し上げて憚らないところです。

どう考えても、「電気」という特殊な商品を世の中に空気のように提供する事業を、生産部門から販売部門まで一貫して行う組織こそ必要です。わが国と全く、思想も伝統も異なる欧米のシステムだけを真似た考え方を導入し、発送配電の一貫体制を「独占」だと勘違いして分離しようとしていることが、如何に「負の遺産」として大きく日本国民の上に圧し掛かろうとしているか。「事」の重大性を、是非考えるべきだと思います。

# 第6編　感覚的社会の重要課題

この編では、世の中が「感覚的社会」と称しても良いような姿に変身している時、営々と続いて来たこの列島に住む人たちが、やっと成熟国家と言われるまで立派に育て上げたものを、これからもずっと先まで、維持発展させていく必要があるということを述べております。

しかしながら、そのためには是非とも解決し堅持して行かねばならない課題が、少なくとも次のように4つ程あります。

第1は「6・6革命の主役」はあくまで日本人。その「土台（ファンデーション）」の「電気」を、永遠に絶やさないシステムが必要なこと。

第2は、21世紀は「サービス・観光」が基礎産業という位置付けをするのが、これからの「構造改革」だということ。

第3はわが国の「電気」の主役は原子力発電、再生可能エネルギーはあくまで補完役との認識が必要なこと。

第4は、「感覚的社会」を企業はどう乗り切るか、その方向性を示す義務が、この言葉の提起者である私にはあるということ……これが、最も肝心なことであるかも知れません。

それぞれについて、以下述べることに致します。

## 1・「十二分に」という言葉と繋がる「6・6革命」の主役はだれか、土台は何か

「6・6革命」というのは、既に説明致しました通り、日本人が持っている《十二分》にから来た特殊な感覚のことです。――それが、「図4」のイラストで示したように「6つの動物的野生的なセンス《S感覚》」すなわち、聴覚・欲覚・気分覚・知覚・先覚・才覚の力と、更に図5で見て頂いたように、「6つの人間的理性的なフィーリング《F感覚》」すなわち視覚・味覚・臭覚・触覚・円覚・後覚の実感というように、合計12の感覚を働かせる、一種の「日本人の特異な能力」と言ってもよいと思います。

しかも、この特殊な能力は、モンスーン地帯に住み着いた私たちの祖先が、災害列島の中で生き残るための、「自ら備え付けて来た情報収集手段」だったのです。

それを、改めてしっかりと使う時代がこの21世紀の時代にやって来たということになります。

**＊その主役は「日本人」**

繰り返しになりますが、私たちが物事を判断するのに、今や「実物」をじっくり見て行

うのではなくて、段々にパソコンやスマホの中で「描き出された画像や文字」を実物の代わりに見ること→その感覚……それが先ず図4の動物的本能から発する「6つのS（センス）感覚」で、「さすがは『おもてなしの国』だ」と思わせているわけです。その結果、正に「感覚だけで」商品を注文したり、行動を起こしたりする状況に私たち日本人自身がなっております。

同時に、広告宣伝のパンフレットやチラシがどんどん送られてきます。すると、私たちは今度は必ず、そのとても綺麗なカラー刷りの広告の写真を見るだけで、「実物を触ったような、或は味わったような《実感》を持ち、そういうフィーリングになってしまいます。要するに、今度は「図5」で示したような人間的理性に基づく6つのフィーリング《F感覚》を働かせ、満足してしまいます。やがて、実物が、自宅に届けられるという具合です。こうして、例えば、外国人だったら、心の中で「もう一度《おもてなしの国》日本に行ってみよう」と思う状況を創り出しているという次第です。

このように、最初は「通信販売」と呼ばれていた状況でしたが、今やすでに「6・6革命」という「感覚文明」のかたちを私たち日本人自身が、正面から利用しなければ、事業が行なえないという状況を創り出しているということではないでしょうか。

図13. 6.6革命の主役は「電気」（安定供給を守る日本人）

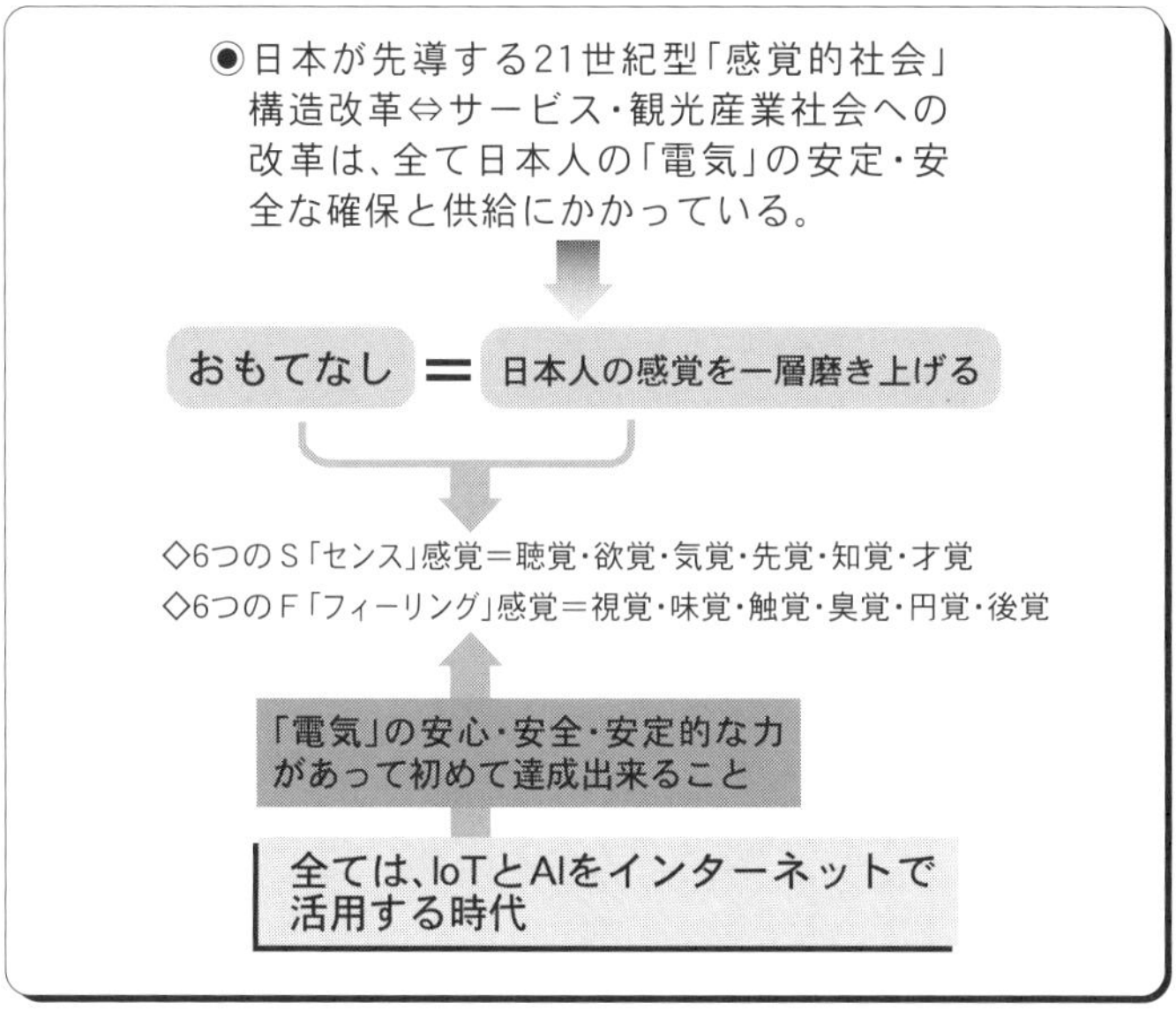
◉日本が先導する21世紀型「感覚的社会」構造改革⇔サービス・観光産業社会への改革は、全て日本人の「電気」の安定・安全な確保と供給にかかっている。
おもてなし
＝
日本人の感覚を一層磨き上げる
◇6つのS「センス」感覚＝聴覚・欲覚・気覚・先覚・知覚・才覚
◇6つのF「フィーリング」感覚＝視覚・味覚・触覚・臭覚・円覚・後覚
「電気」の安心・安全・安定的な力があって初めて達成出来ること
全ては、IoTとAIをインターネットで活用する時代

少し説明が長くなりましたが、少なくとも《十二分》に感覚を一層働かせる「6・6革命」と私が敢えて申し上げる理由が、お分かり頂けたのではないかと考えます。

**＊主役の土台（ファンデーション）は「電気」、それを絶やさぬ努力と工夫**

もちろん、水や食料も基礎物質に違いありません。しかし、その水も食料も「電気」がなければ、創り出せないというのが現状です。もちろん井戸水があるではないかと思われるでしょう。また食料も「電気」がなくても作れるでしょう。だが、ここでは最大公約数の基本論を述べておりますので、ご容赦ください。

さて、考えてみるまでもなく、私たちは朝から晩まで、そして睡眠中でもずっと「電気」のお世話になり続けております。

暑さ寒さを凌ぐための冷暖房、食料品を保存保管する冷蔵庫、水道、キッチン、掃除、洗濯、テレビ、ラジオ、映画、劇場の装置、照明、エレベーター、電車、信号機、各種工場の運営、上下水道の洗浄、学校の給食、研究実験、病院の機能、銀行の金融システム、デパート・スーパー・コンビニ、旅館、ホテル、役所など公共機関、水族館、動物園、博物館、美術館、喫茶店、空港などの運営管理システム……数えればきりがありません。これらが、全て「電気」というしっかりした「土台」があって成り立っていることを是非とも忘れないで頂きたいと思います。

私が、この「土台」のことを、わざわざ英語で表現するのに、「ベース（Ｂａｓｅ）」でなく、「ファンデーション（Ｆｏｕｎｄａｔｉｏｎ）」と述べたのには、意味があります。すなわち「ベース」は、単にいわゆるモノが置かれる、或は建てられる場合の「台」のことです。しかし、「ファンデーション」とは、構造的なモノ全体の「基盤」という意味です。正に、「電気」の役割は、日本人のあらゆる活動の「基盤」であると思っております。

このように日本人は、正に「電気」というしっかりした「土台（基盤）」があって、初めて先ほど述べたような、「おもてなし」の機能が果たせるのです。これは、成熟した日本国家のこれからも永遠に維持していくべき、先人たちが残した「尊い遺産（レガシー）」なのです。是非ともこの尊い遺産を、外国の政府とＩＴ企業及び資本家や投資家がインターネットのプラットフォームを形成する「ＩＩＣ」集団や「ＰＩ　４・０」集団等に、奪い取られないように死守する覚悟が必要です。

「基盤」が永遠にしっかりしていなければ、いずれ崩壊します。

（注）１

＊「ＩＩＣ」とは、「インダストリアス・インターネット・コンソーシアム」の略語。

アメリカのシリコンバレーに拠点をおくグーグルやアップルなどのIT企業とGE、IBM、AT&T、インテル、シスコシステムズなどのIoTを推進している団体です。最終的には、世界のサービス産業の要《かなめ》となる、例えば《センサーや無線テクノロジーなど》のノウハウをプラットフォームに集中させ、出来れば開放して透明化しようという狙いがあると言われております。（2014年4月設立）

＊「PI　4・0」とは、「プラットフォーム・インダストリー4・0」の略語。

ドイツに拠点をおくシーメンス、フォルクスワーゲン、ドイツテレコム、テッセン・グルップ、SAP並びに、ドイツ政府（トップはメルケル首相）が、アメリカよりも先に、IoTの推進を目指して設立した集団（2013年4月設立）。寧ろ、アメリカよりも、ドイツの方が先に「4・0」を目的化した経緯があります。最終目的は、上記アメリカの「IIC」と全く同じですが、どちらかと言えば「あらゆる商品システムの標準化・モジュール化」をドイツ方式に統一しようという狙いがあると言われています。

（注）2

本年3月、「（注）1の欧米の2つの団体」が、コンピューターに関するアーキテクチャー分野、すなわち異なる「システム設計」を標準化し、双方が利用可能なように組み立てていこうということを目的にした、包括的な協力協定を締結しました。わが国の企業も無視できないとして、すでにアメリカの上述「ＩＩＣ」に日立、東芝、三菱などが、参加しております。更に、わが国は総務省、経済産業省が主導して、民間企業を束ねた「ＩｏＴ推進コンソーシアム」を設立し、この10月、上述の欧米が共同的に進めている「コンピューターに関するアーキテクチャー分野の協力協定」に参加することになりました。

**＊「電気」を「基盤」と考えないのが誤り**
**―根本となるレガシーを壊しては、国が崩壊する**

現在政府は、「電気」を株式や貴金属や食料品などの一般商品と同じように、「商品取引市場」において、時間帯別先物取引において扱うことを、奨励しております。奨励しているというよりも、最初から寧ろとても商売になりそうもない、発電会社や小売り会社を「補助金」まで出して作らせました。その数、数千社と言われます。

ところが、それが上手く行くはずはありません。何しろ、唯一種類しかない「電気」という商品。しかも、省エネルギーと人口減少、更には、産業構造の「電気」多消費型の製造事業から、サービス・観光事業への大転換という状況です。

どう考えても、「電気という商品」が減るのがわかっていて、政府は如何にも新市場に夢があり、経済成長に結び付くように宣伝したのは、大きな誤りだと言わざるを得ません。

私たちの国、この「日本という国」は、①石油・ガスのような資源を持たない　②細長いモンスーン地帯の災害列島　③四季の厳しい変化　というような悪条件を懸命に克服し、最も各地域の地勢に合致したシステムを組立て、適正に「電気」という商品の供給を行なってきております。

今からちょうど65年前に創られた私企業による「地域別発送配電一貫体制」によって、円滑かつ安定的に電気事業が営まれてきました。すなわち発電（「電気」という商品の生産）、送電（同じ商品の輸送）、配電（同じ商品の販売）を、品質を落とすことなく安定安全に、消費者にお届けする責任と義務を一手に背負った事業として成り立って来たわけです。

ところが、6年前の未曾有の東日本大地震災害で、福島第一原子力発電所の放射能漏れを起こす事故があったこと、それだけを理由に長年に亘り営々と築き上げて来た、正に

「空気」にも等しい《日本人のあらゆる生活の基盤である「電気」のシステム》を、世論という名の権力的手段を使って、一挙に葬り去ろうとしているわけです。ところが、どういうことが生じつつあるのでしょうか……私の指摘が間違いなかったはずです。その証拠が出始めました。

すなわち、間違っていたそのつけが、すでに述べたように発生したわけです。

例えば、「電気」の卸市場にコストや安く安定的なベース電源の、「原子力発電のｋＷｈ」を法令で決めて提供させるという、とんでもない案が出て来ております。これは、間違いなく私的所有権の侵害であると同時に、公益事業規制という名目を悪用した「不採算に喘ぐ新電力の助成方策」に過ぎません。もちろん、民間の電力会社は、小売り市場の自由化を前にそんな暴論を、是非とも跳ね除けてもらいたいと考えます。

とにかく、「環境問題に貢献する」というだけで、そういう見通す情報も与えることなく、何で何千社も出て来るように仕向けたのか、しっかり結果を検証していく必要があります。

そうしたことを承知の上で、是非とも「６・６革命」とも言える「感覚文明時代」に、「電気」ががっちりと「土台」として永遠にかつ、安定的に存在しなければならないということが、おわかりいただけたのではないかと思います。

## 2・「サービス・観光」が「基礎産業」という位置付けをするのが「構造改革」

これまで、構造改革と言えばどうしても、既存の産業構造を前提に、電力・ガス・農業・医療そして行政機構などの構造を変え、更に規制緩和をすることが必要だというように、解釈されてきました。

しかし、**図14**を見て頂ければわかるように、既にわが国の産業構造は10年以上も前から、40%から、地域によっては50%がサービスと卸売りと小売りを中心とした産業構造になっていたわけです。

こうした状況をつぶさに観察し判断すれば、「産業構造」の位置付けこそ極めて重要であると言えます。

もちろん、現在のわが国の従来型産業構造の中での、既得権益の打破も大変重要であります。例えば、わが国の一次産業と言われる農業は、相当に改革改善が成されて来ましたが、未だ十分とは言えません。農業を産業として守り育てるために、農業の担い手をもっと幅広い人材に広め、それこそ構造改革を行なうことは必須の取り組みになっておりま

図14. わが国の産業構造の変化
（イメージ図）

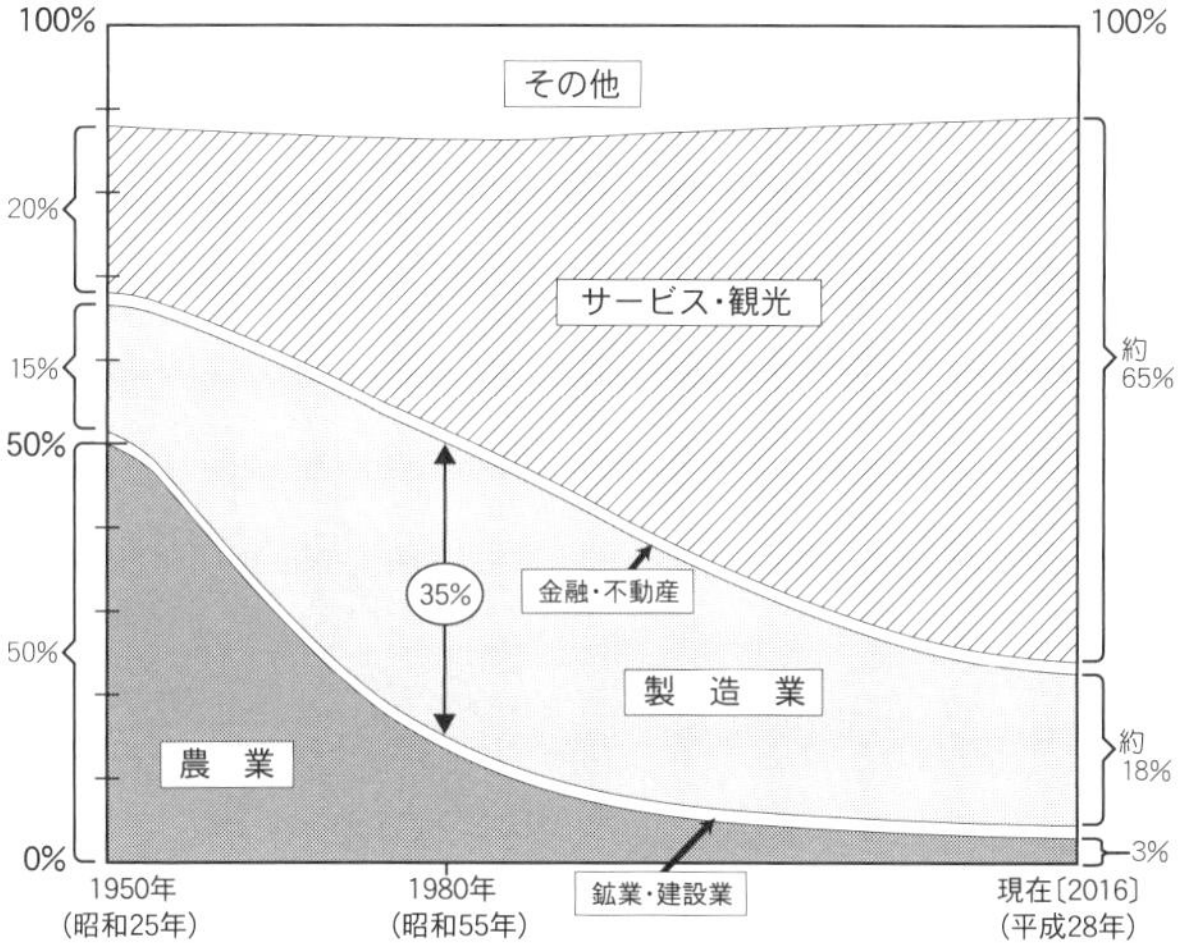


(注)1:筆者が各種資料から作ったイメージ図
(注)2:「サービス・観光」には、小売・卸売を含む

す。

しかし、私がここで述べようとしているのは、こうした既存の産業構造の中味という問題ではなく、その「産業構造」自体が全く新しい構造に変わっていることを、是非承知して改革を進めてもらいたいということです。すでに、従来の製造事業自体が、「サービス」を中心とした部品などの生産で、大きな付加価値を上げることになっております。鉄道・航空そして自動車などの運輸産業も、顧客の満足度や安全を如何に守れるかというような、全ては「サービスの付加価値」を如何に追求するかに重点が置かれております。企業がそういう方向になって来れば、行政機構も変わらなければ対応出来なくなります。

こういう発想が本格化して来れば、当然のことでしょうが、例えば今迄は「文部科学省」という大きな枠組みの中の一つに過ぎなかった、「観光庁」「文化庁」「スポーツ庁」等という状態が、構造的におかしいのではないかということになってきます。すなわち、これらが寧ろ、「観光省」「文化省」「スポーツ・健康省」となり、更に「サービス省」というものが生まれてもよいのではないでしょうか。もちろん、「サービス省」には、現在の「国土交通省」の「交通部門」を、移管するというようなことも必要でしょう。

一方、「文部科学省」は解体して、「教育省」となり、「科学部門」は「経済産業省」の

「技術部門」と合体し「科学技術省」にする必要があるでしょう。私の勝手な、暴論と言われるかも知れませんが、このくらいの発想がないと、「サービス＆観光事業」を今後のわが国の「構造改革」ということには、とても成り難いのではないかと考えられます。

## ＊観光産業の積極化のための自主努力

組織社会のわが国は、「お上がお膳立てして、始めて動く」という風潮がどうしても抜けません。逆に政治家も官僚も、自分たちより先に、勝手に民間が動くのをよしとしません。ところが不思議なもので、政治家は何時も「世論」という言葉、その「風」を、それこそ《十二分》に「６プラス６」という自分の全感覚を動員して、正に「感覚的」に探ろうとしています。特に、選挙が近づくとますます気にし出します。国民や消費者の前に、雪崩を打って気に入られるような主張を並べ、選挙に当選するよう法規制ぎりぎりの行動をしたりします。しかし、一旦当選すると途端に組織社会のリーダーとして、官僚を民間人と対峙する人材として動かすという状況が、今でもよく見られます。

しかし、こうした風潮がそれこそ「感覚的社会」の今日において、かなり変化してきているのも事実です。

その理由は、特にスピードが求められるこれからの企業経営戦略においては、「IoT」を駆使し、「AI」を使い熟して競争に打ち勝たなければならないため、今迄のように地域社会に閉じ籠もって行政官僚の指導を得るという方式では、競合他社との競争に打ち勝てなくなっているからです。すなわち、「№1」を目指す民間企業の経営にとっては、もはや「お上」の行動を待てないという状況でしょう。寧ろ逆に民間企業が、戦略を自ら練り、自主的に行動を起こした結果として、政治や行政にグローバルな戦いに打ち勝つために必要な規制緩和をはじめ種々のインフラの構築を要請する、というように「民間企業側からのボトムアップ」が常態になっていくものと言えます。

世の中は、大きく動きつつあります。私どもは、心構えを決めて「積極的に自ら動き」、世の中をリードするという気概が必要になってきております。

1つの例示ですが、この6月に発生した先ほどの「熊本激甚地震災害」のため、観光事業が、風評被害を含め大打撃を受けました。それを取り戻すため「割引付旅行キップ」を積極的に発行するなど、当地域の経済界のリーダーたちは迅速に動きました。その上で、政府からのこれらに対する助成を受けたりしております。

元々九州では早くから、独自の「九州観光推進機構（石原進会長）」という組織を作って、各県の動きを纏めて推進するシステムを作っております。更に、九州７県の知事会と九州経済連合会が合同で設立した「九州地域戦略会議（広瀬勝貞大分県知事と麻生泰九経連会長が共同議長）」という組織も、積極的に官民が一体となって動くことで積極的に実施して来たという実績があります。

こうした土壌を活かして、今回新たに九州経済連合会では、「観光振興に関する要望」を取り纏め、この９月、中央政府に提出しました。もちろん、ネットワークで結ばれたＩｏＴとＡＩを活用した時代認識の上に立って、主体的な要望が積極的に成されております。

＊九州の観光復興に向けたＭＩＣＥ誘致
＊宿泊施設の耐震改修の積極化
＊九州７県数次ビザの創設
＊観光産業に携わる人材の確保・育成
＊宿泊業の税負担軽減
＊免税品対象区分の見直し
＊リスクマネジメントの強化

*法令順守徹底
*観光産業振興のための資本の充実策
*来訪促進のデータ整備
*離島への観光客誘致のためのインフラ整備
*無料公衆無線LANの全国認証一元化整備促進とビッグデータ活用
煩瑣になりますので省略しますが、九州では商工会議所（磯山誠二会頭）や経済同友会（貫正義代表幹事他）でも同じように、提言書を積極的に取り纏め、主体的自主的に活動する風潮が、一層高まっております。正に九州地域こそ「サービス&観光事業」を、今後のこの地域の産業構造の中核に据えなければ、経済も経営も雇用も成り立たないと自覚しているためです。

これは、ほんの一例にすぎませんが、他の地域地方においても、自らが自主的に行動する時代になっているということではないかと思います。

### 3・「電気」の主役は原子力発電、再生可能エネルギーはあくまで補完

先ず、次の図15を見て頂きたいと思います。このような図は、すでに再生可能エネルギ

## 図15.「原子力のkwh」と「太陽光発電のkwh」の性質の違い

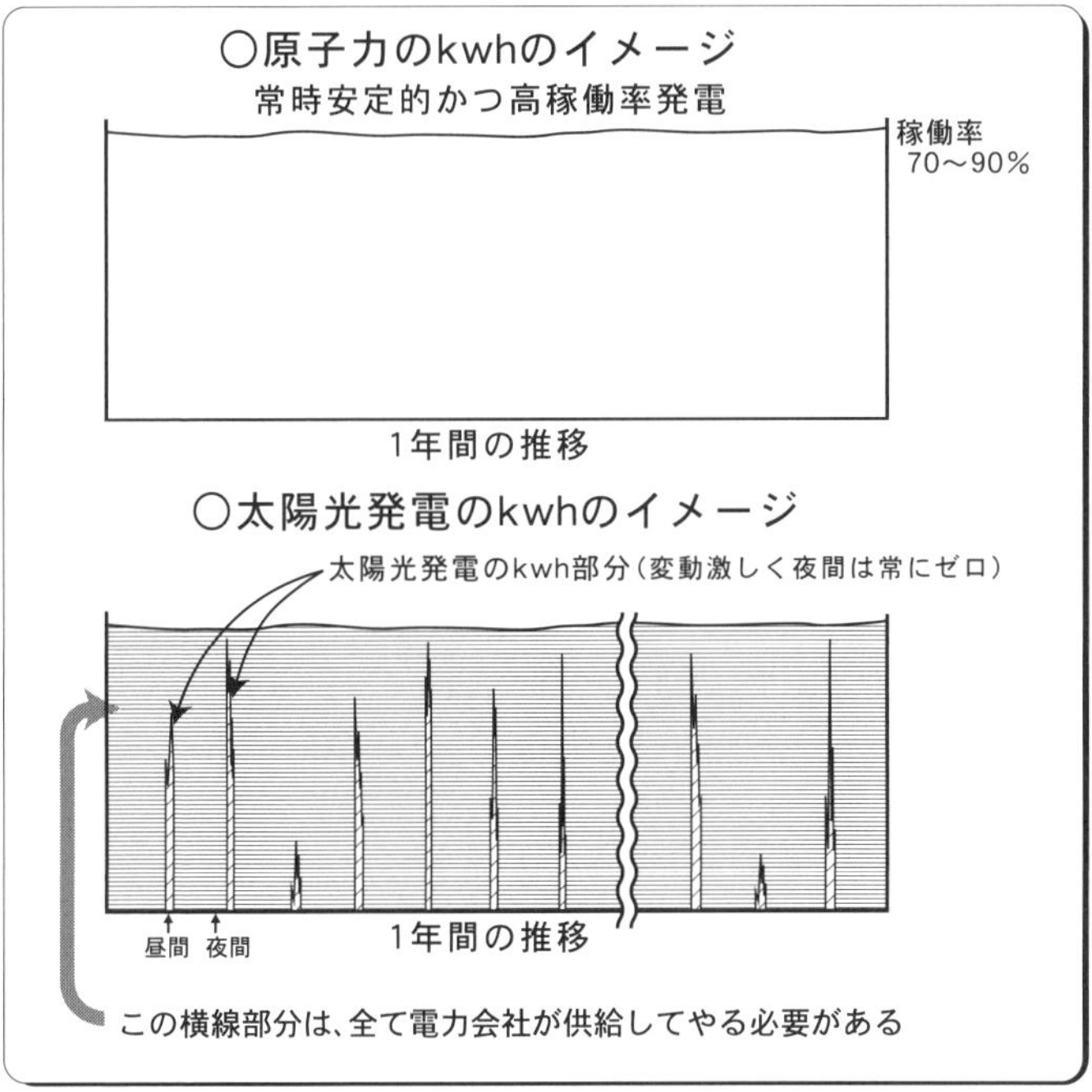

ーの導入を大きく取り上げた、前政権（民主党政権）の時代から認識され、政府の説明書にも、当然謳われておりました。当時は「脱原発」がうたい文句だったのにも拘らず、このイラストを見るまでもなく「再生可能エネルギー」は、不安定で且つコストが高くて、導入は困難というのが定説でした。

しかし、それでもどうしても、太陽光発電や風力発電を導入することを既定路線としました。そこで、太陽光や風力から発生した「電気（ｋＷｈ）」は、高価格で電力会社に買い取らせ、国民全体に広く薄く負担させるという方式を取ったのです。もちろん、このために権利を得た「利権屋的な人たち」は、（こうした法律を作って辞職した首相が現実に出たくらいですから）、巨万の利益を得たのではないでしょうか。一言でいえば、これが全ての真相です。

そして、未だにすでにドイツやイギリスやスペインなどが、太陽光発電や風力発電を大量に導入したのは失敗だったと認めているのに、「いや、そうではない」「最近は、太陽光も風力も、石炭火力よりもずっと安い電気（ｋＷｈ）が、作れるようになった」と、喧伝する専門家と称する学者などが、益々跋扈しております。

**＊原子力は21世紀の「電気（ｋＷｈ）」生産の主役へ**

## 図16. 日本と中国の電力比較

### 1. 日本と中国の電源設備別容量

| 電　源 | 発電設備の容量（キロワット） | |
|---|---|---|
| | 中国（2015年11月） | 日本（2015年3月） |
| 水力発電 | 3億1937万 | 4906万 |
| 火力発電 | 9億9021万 | 1億9336万 |
| 原子力発電 | 2608万 | 4426万 |
| 風力発電 | 1億2934万 | 275万 |
| 太陽光・熱発電 | 4318万 | 409万 |
| 地熱発電 | 2万 | 51万 |
| 合　計 | 15億820万 | 2億9403万 |

（出所）中国能源局速報、電気事業便覧など

（注）1 資料は、2016.8.29付日本経済新聞「経済教室」海外電力旧友会渡辺搖氏論文から引用

（注）2 中国の原子力発電は1千800万kwを建設中である。2016年8月時点で、3千万kw。更に、2014年のエネルギー発展戦略行動計画では、建設を増加し、2020年末には、5千800万kwにすると発表しており、日本をはるかに上回り、米国の水準に近づくことになる。

（注）3 追加する原子炉は「2.中国の第3世代炉」に見られるように、第3世代と云われる新型炉が中心となる。

### 2. 中国の第3世代炉（カッコ内は炉型、設計製造元）

**▼運転中**
- ■ 田湾原発1、2号機（VVER、ロシア）

**▼建設中**
- ■ 三門原発1、2号機（AP1000、米ウエスチングハウス）
- ■ 海陽原発1、2号機（同上）
- ■ 台山原発1、2号機（EPR、仏アレバ）
- ■ 福清原発5、6号機（華龍1号、中国）
- ■ 防城港原発3、4号機（同上）
- ■ 田湾原発3、4号機（VVER、ロシア）
- ■ 田湾原発5、6号機（華龍1号、中国）

（注）資料は同上

### 3. わが国の原子力発電所のトラブル件数推移

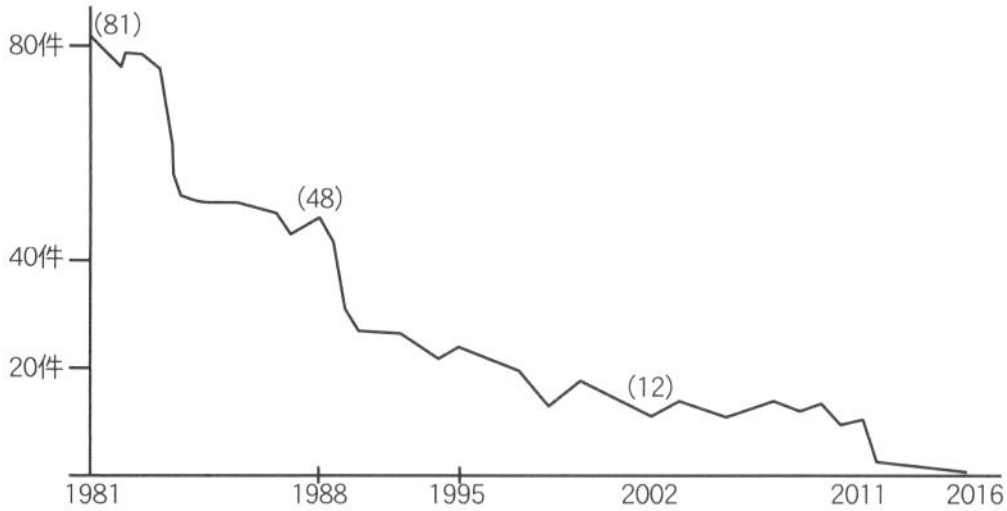


（注）1 資料は、電気事業便覧等から引用したが、判り易くするため、筆先がイラスト化し作成したもの
（注）2 世界全体の主要事故件数は、本文中に記載。
（注）3 逆に、上記中国の状況を見ると、「事故やトラブル」の件数は、過去のわが国での経験から、むしろ中国で多発する可能性が大きいと考えられる。

次の**図16**は、日本経済新聞に載った論文の一つが示す「わが国と中国との電源容量」を比較したものと、更に「わが国の原子力発電事故の発生状況」を、見たものです。

これを見てわかるのは、次の2点です。

第1は、原子力発電の異常なほどの増加が見られることです。

事例は隣の中国の動向を、わが国と比較したものです。わが国は、6年前の福島第一原子力発電所事故後において、「脱原発」の掛け声のもと、既設原発4500万kW（全電源の2割）を、全て停止しました。

ところが、世界の状況は全く異なります。フランスもイギリスもロシアも、そしてここに事例として取り上げました「中国」も、2011年の福島事故以来、逆に原子力発電の建設を加速させているという、この現実を是非とも見て頂きたいということです。

## ＊中国の原発開発の積極化は無視できない

すなわち、「図16」の「注」にも書いておきましたが、中国では3・11前に計画された2007年の「原子力発電中長期発展計画」では、2020年末の原子力発電容量を、4000万kWと述べておりました。その後2011年に福島原発の事故が発生したことを受けて、中国は従来の計画を慎重にチェックしておりましたが、逆に2014年11月の

「エネルギー発展戦略行動計画」では、２０２０年末の原子力発電容量を、従来の４０００万ｋＷから１・５倍の５０００万ｋＷに引き上げると発表いたしました。

正に４年後には、わが国の原子量発電の規模を上回り、米国の水準に近づこうとしております。また別の情報などによりますと、15年後の２０３０年の時点では、フランスの約８０００万ｋＷを上回り、悠に１億ｋＷにも原子量発電を高めようとしております。

その国家戦略の目標は、政治に疎い私には理解不能なこともありますが、唯１つだけ明確なのは、「原子力発電」の「電気のｋＷｈ」が、何と言っても①地球環境にやさしく、石炭火力をはじめとする化石燃料を使用する発電所の廃止が、急速に進むこと②発電コストが、絶対的に稼働率が高く安定的で、太陽光発電や風力発電等再生可能エネルギーの、不安定かつ高価格の「電気のｋＷｈ」に対し、間違いなく有利であること③原子力発電の技術が一層向上して、建設費が大きくコストダウン出来るようになったこと④近い将来、他の発展途上国等に対する原子力技術の輸出が可能なことなどが、考えられていることは間違いありません。

すでに、１９４０年代に原子力発電が世の中に現れてから、80年近い年月が経っています。原子力の平和利用は、核の兵器への使用を抑制するための最大の道であるということに、変わりはないと言えます。このため、地上最高の技術の結晶が、原子力発電の安全かつ安定的で低コストの建設と管理運用を、齎して来たといえます。

どんな場合も、革命的な技術革新によって、世の中に役立つ「商品」が完成するまでには、当然のことながら不具合が発生し、それを克服することで安全で安心かつ安定的な、より一層優れた「商品」へと、改善改良されていくのはよく知られたことです。こうしたことは、単に製造事業の場合だけではなしに、例えば人間を相手にする「お医者さん」や「職人さん」の場合でも同じでしょう。このため、経験の積み重ねが、何としても必要です。

「年季が入っている」という言葉があります。正確には、「年季奉公」と言います。ようするに、一人前の職人として仕事が出来るようになるには、親方や先輩の技術を学び取ることから始めなくてはなりません。その期間が、平均3年間と言われておりますが、中には5年とか更に時間を要することもあります。昔の侍が、武芸道場の師匠から「秘伝の技」を伝授されるのは、かなりの時間が掛かったと言います。

若干横道に逸れましたが、原子力の技術開発はこうした「職人の技」の完成ということの比喩が、当て嵌まるようなものだとも言えます。

ちなみに、1940年代から始まった原子力発電所の主な事故は、以下に取り上げるように続いて起きております。然し、その度ごとにお互いに国家間そして国内でも、その事例を勉強と研究の材料として、懸命に改良努力がされて来たといえます。（注）資料は、財団法人エネルギー総合研究所から頂いたものを参考にしました。

◇1940年代

アメリカ・ロスアラモス研究所の臨界事故（プルトニウムの塊（デーモンコア）取り扱いの失敗　2名死亡）

◇1950年代

カナダ・ロシア・イギリス・セルビア・アメリカの各国で、臨界暴走（セルビア）、原子炉爆発（ロシア）、臨界溶融（アメリカ）などの事故

◇1960年代

アメリカ・ロシア・イギリス・スイスの各国で、炉心溶融（アメリカ・イギリス）、臨界事故（アメリカ）、冷却材喪失（ロシア海軍）、実験炉爆発（スイス）などの事故

◇1970年代

東ドイツ・スロバキア・アメリカの各国で、火災（東ドイツ）、燃料溶融（スロバキ

ア）、発電所暴走（有名なスリーマイルアイランド、アメリカ）の事故
◇1980年代
フランス（燃料溶融）、日本（敦賀原発、放射性物質放出・作業員超被爆81年3月）、アルゼンチン（臨界事故）、ウクライナ（有名なチェルノブイリ事故、発電所暴走爆発、数千人死亡86年4月26日）、西ドイツ（燃料損傷）、ブラジル（被ばく事故）、スペイン（タービン火災）
◇1990年代
ロシア（爆発事故）、日本（ナトリウム漏洩・火災もんじゅ95・12・8）（臨界事故東海村99・9・30）（臨界事故志賀原発99・6・18）
◇2000年代
イギリス（放射性物質漏洩）、アメリカ（放射性物質漏洩）、日本（電源喪失、燃料溶融福島第一原発11・3・11）、韓国（全電源喪失古里原発）

以上の歴史的記録から明らかなように、先にご紹介した中国の原子力発電所は、既に40基近くが運転を行なっていますが、事故等の情報は発表されておりません。しかし、今ご紹介したように、わが国を含む多くの国で、事故が起きている事実から推測すれば、全く

無事故ということは考えられません。

**＊原子力技術の完成と福島の事故は連動しない（福島事故の遠因はアメリカの設計）**

それが、漸く完成の時期に来ておりますが、偶々東日本大震災という1千年に一度と言うような未曾有の大震災と津波の来襲によって、電源喪失（要するに「電気」の喪失）をしたために、思わぬ事故が起きました。特殊な感覚を持っている私たち日本人は、すっかり驚いてしまったことは、仕方ないと考えます。

しかし、確かに本書で述べておりますように、いまこそ日本人は勇気を振り絞って、先の失敗を心から反省すると同時に、新たな目標に向かって是非とも前進してもらいたいと思います。そのためにも、私は是非とも国民のみなさんが、福島第一原子力発電所の事故についての、そもそもの遠因が、アメリカの設計によるものであるという点を深く理解してもらいたいと思います。昭和46年（1971）完成した1号機は、完全にGE社が作成。その後の昭和54年（1979）の4号機まで、すなわち重大事故を起した4基は、全てアメリカGEの完全な指導で、同じ場所に設計し建設されたのです。私は自著で過去何度もこの点を指摘しておりますが、全く無視されて来ました。

ところが、最近発刊された山口栄一著『イノベーションは、なぜ途絶えたか』（ちくま新書）に、私と同じ指摘がなされております。山口氏は「福島第一原発の1号機はGEの設計で、米国に多いトルネード（竜巻）を防ぐため非常用電源をすべて地階に配置するようになっていた。GEは津波の到来など日本特有の事情を想定出来ず、日本側も口を挟むことが出来なかった」（中略）と述べています。その後も日立や東芝など日本側の設計変更は許されず、「東芝など日本のメーカーが設計変更できるようになったのは、5・6号機あたりからである」と書いております。（前掲書178～179頁より引用）その後、日本のメーカーが建設して来た原子力発電所は、津波や地震などに対する対応策を設計上からも、取って来たことはいうまでもありません。3・11以降、原子力規制委員会の規制によって、現在では世界一厳しい対策が行なわれています。

**＊増える原子力支援の輪**

人類の歴史とは何だろうかと、改めて考えてみることも必要かと思います。すると、歴史家はおそらく、「それは、争いの歴史」と述べ、或は「戦争の積み重ね」と言うかもしれません。そして、「歴史」とは正に争いを制した側の、殆どが一方的な正義感によって示されたモノなのです。それを打ち消すには、過去の歴史を不問に付し、塗り潰すしかありません。だが、それは殆ど不可能なことです。何故なら、一旦人類の経験値として記録された文明と文化は、時が経てば経つほど過去の貴重な遺産となって、新たに生まれ出ようとする歴史のリーダーたちに、大きな影響を与えずにはおかないからです。

否応なしに引き継がれる歴史の事実の中には、新たに人間が「争いや戦争の道具」として生み出したものがあります。それを、絶対に手放さないというのは、「勝者が得た必勝の手段」なのです。また、敗者の側も、一層自分が破れたという手段に拘ります。

その究極の手段が弓矢、鉄砲、ダイナマイト、爆弾、地雷、そして核兵器です。個人主義の欧米人は、特に身を守る手段として、「銃の規制」ですが、アメリカの頻発する事件にも拘わらず、市民が銃所持に拘る状況をみて、最近余計に困難さが増しているように考えられます。

平和な国家秩序を守るために、これらを争いの手段として使用するのは、厳禁すべしということは、わが国においては当たり前の法律以前のコンプライアンスです。だが、国家組織を守る手段として、各国はその危険な手段を放棄することは、おそらく在り得ないことでしょう。

よって、理屈っぽくいう必要もないぐらい、人類は残念ながら一度手にした「必殺」の手段を決して手放さないでしょう。結局、各国は軍事力を保有するという手段によって、相手に対する《抑止力》を持つことが、対等な和平獲得の手段ともなるわけです。

かつて私は、マシュー・ファーマン著の『原子力支援』という本を読んだ時、「核不拡散」のために「原子力の平和利用」を願い、相手の国に対して今度は、「原子力の利用に繋がる支援」をするということはそれ程単純な発想ではない……ということを知って、驚愕したことを覚えております。

今の世の中で、純粋に核兵器廃絶、そして非核三原則を徹底に追求するのは、おそらくわが国だけではないでしょうか。その上で、私どもは原子力の平和利用を、同じように進めなければなりません。しかし、同様に主張している国々が、本当に心から日本と同じ考えかどうかは疑問です。特に、第2次世界大戦の戦勝国であり、その権利として核兵器を保有している国々は、誠に懐疑的です。

その証拠が、マシュー・ファーマンが論じている「原子力支援」の構図です。簡単に言えば、原子力支援とは、言うまでもなく原子力発電所の建設を含めた「原子」の平和利用のために、技術を提供しようということです。然し、その多くが見返りとして求めているのが、「第三国に対する『核』に対する抑止力」ということだと、マシューは述べております。このためか、「原子力支援協定の数」は、この半世紀の間に50以上に上っていると言うのです。

中には、「敵の敵は、味方」と言うような形のものも見られます。例えば、インドとアメリカが原子力平和利用を結ぶとします。すると、現に今度は、インドはロシアとも協定しますが、それは強敵である中国への牽制策を、インドは中国の敵と見られるロシアやアメリカを利用して、要するに敵の敵を利用した抑止力を採っている、というようにも解釈出来ると考えられるからです。

もうおわかりと思いますが、わが国が「脱原発」などと前民主党政権が本気で主張した途端に、中国や韓国やロシアが、尖閣列島・竹島・そして北方領土に、実効支配的な暴挙を起こして参りました。

結論を述べれば、「原子力発電を保有する能力を失った国」は、周りの国から滅ぼされても仕方がないということを意思表示しているようなものだということです。特に、これから、この国のリーダーになろうという世代の方々に、このことを肝に銘じてもらいたいと思います。

**＊市場競争の果てに「新電力間相互扶助精神」で再考するしかない**

ここまで考えて来ますと、既に縷々述べてきたように、青天井で無計画にも等しいくらい導入し過ぎた「再生可能エネルギー」から生産する太陽光発電（既に1700万kW以上を認可）や風力発電所（既に800万kWを認可）を、これ以上増やしたりすることは、一層国民の負担を増やすだけであります。

どう考えても、不安定かつコスト高の、再生可能エネルギーからの「電気（kWh）」は、補完的な役割として考えていくしかないのではないでしょうか。政治家や官僚は、早々に1500社以上にも及ぶという「新電力」の処理方法を、寧ろ被害者としか考えられない電力会社に今後は迷惑をかけることなく、救済する方策を検討すべきだと思います。

その方策としては、同じく「新電力」であり乍ら、既に認可を得て堂々と「kWh当たり42円とか36円」という高値で発電をし、20年間の保証の元に発電事業を行なっている、既存の権利者から、他の新電力に利益を還元してもらうという新たな法規を作って、「新電力事業者間で利益還元などで調整を行なう」という、方策が取られてしかるべきではないでしょうか。

**＊「電気」の安定供給のハドメとして、「蓄電設備」をもっと活用しよう**

上述のように、太陽光発電の「電気kWh」や風力発電の「電気kWh」は、政府から

（すなわち国民の税金などから借金して）補助金として出してもらわなければ、生産（発電）すればするほど、完全に赤字になってしまう「商品」です。ｋＷｈ当たり42円とか、36円というべらぼうに高い値段の「電気」なのです。これが、どれ程高いかは大きな工場などが使っている「電気ｋＷｈ」の値段が約８～10円程度。私たちの家庭用が20円程度ですから、太陽光発電の「電気ｋＷｈ」が事業用の４倍、家庭用の２倍にもなっていることでおわかり頂けるでしょう。

では、どうしているのかと言えば、民主党政権の時に菅首相が、自ら作った法律で「全て電力会社に自動的に引き取ってもらえる（販売出来る）」という、非常手段を決めた特別法で国民全員に負担してもらっているわけです。例えば電力会社から、皆さんのご家庭に送られてくる「電気料金」の請求書をご覧になってください。

よく見ると、電気料金の合計額とは別に、「再生エネ賦課金」という項目があるはずです。概ね、その金額が5年前はせいぜい3％程度でした。それが、現在少なくとも10％と、１割になっています。例えば、毎月の電気料金を６０００円支払っている家庭では、プラス６００円を余分に支払っているわけです。１万円の家庭では、１０００円です。このままだと、来年には１０００円の負担が１５００円と、15％になる可能性があります。

それは、太陽光発電や風力発電がどんどん増えているからです。

この国民の負担を抑えるためには、唯一燃料費kWh当たり「1円」の原子力発電所を何としても、早々に再稼働するしかありません。

それに、もう一つ必要且つ重要なことがあります。言うまでもなく、貴重な「電気」を備蓄する方策です。

**＊正興電機製作所の「蓄電池普及」への懸命な取り組み事例**

太陽光や風力のような「再生可能エネルギー」からの「電気」のkWhは、ご存知の通り、天候や自然条件に左右される、とても不安定な「電気」です。何しろ太陽が照っていない時は発電出来ない「太陽光発電」。風が吹かない時や逆に吹き過ぎる時には、発電しない「風力発電」。これらは、いずれも私たちが連続して使わなければならない「電気」という商品としては、本来は欠陥商品と言ってもよいくらいです。

それでも、全く資源に乏しいわが国では、コストは高くても地球温暖化を抑制出来る電源だという国民のコンセンサスで、私たちは「我慢して」使わざるを得ないのです。それ程貴重な「電気」ですので、何とか無駄なく使わなければなりません。それ程貴重な「電気」ですので、何とか無駄なく使わなければなりません。このためには、この貴重な「電

図17. 地震災害と自家用蓄電池の効果
—正興電機製作所の先見性—

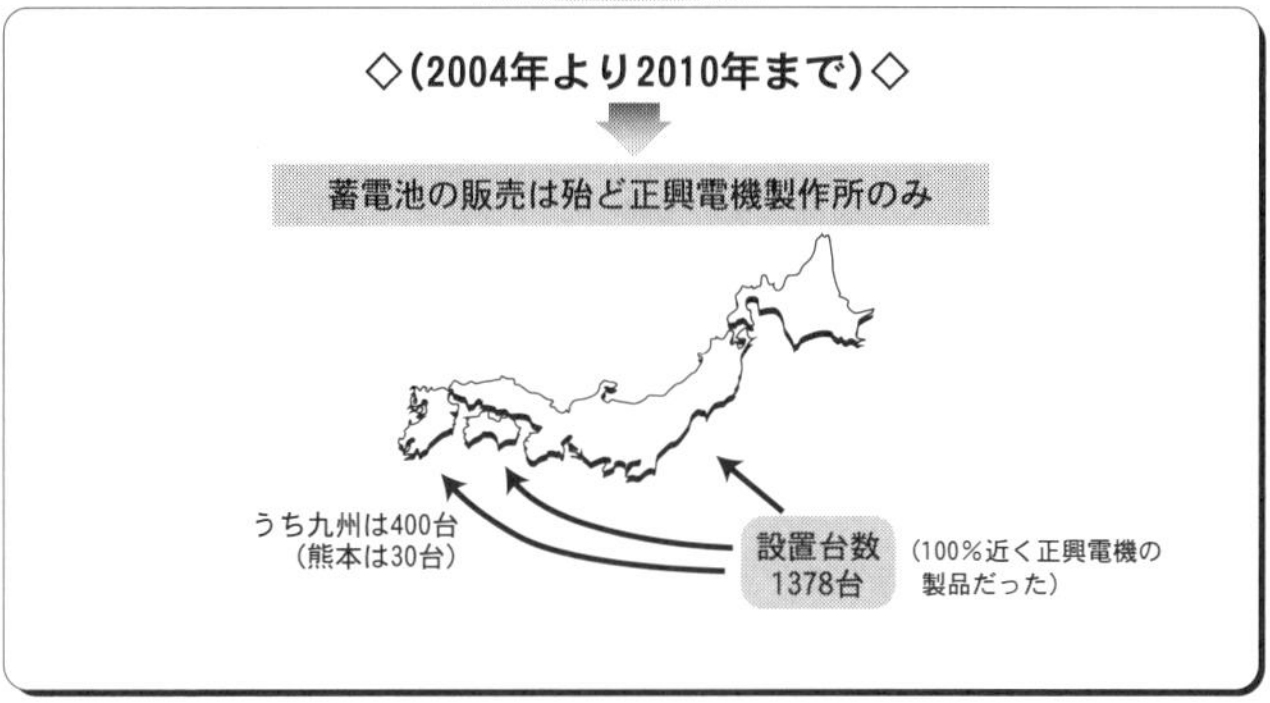
◇(2004年より2010年まで)◇
蓄電池の販売は殆ど正興電機製作所のみ
うち九州は400台
(熊本は30台)
設置台数
1378台
(100%近く正興電機の
製品だった)

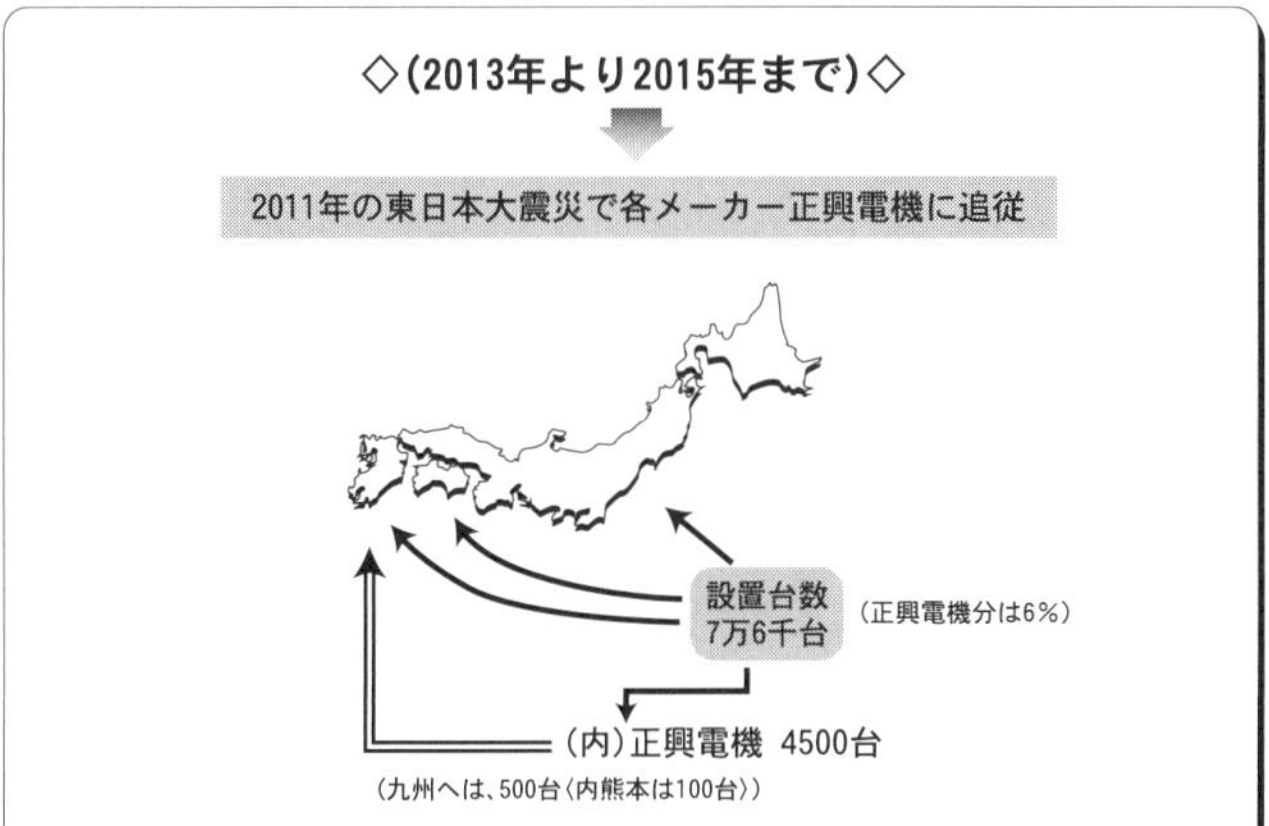
◇(2013年より2015年まで)◇
2011年の東日本大震災で各メーカー正興電機に追従
設置台数
7万6千台
(正興電機分は6%)
(内)正興電機　4500台
(九州へは、500台〈内熊本は100台〉)

(注)「図の説明」

①正興電機製作所は、12年前より、阪神淡路大震災の経験等を踏まえ、災害対策を重視し、自家用蓄電池を生産し、納入販売を始めた。(右図の通り)

②その先見性に習い、メーカー各社(10社以上)が、2011年3月11日の東日本大震災以降参入している。(上図の通り)

③今回の熊本激甚地震災害の折、「蓄電池が在ったので2日間は電気の光を活用出来て助かった」という、お客様からの感謝のメール等が在った。(正興電機の場合)

(資料)全て、正興電機製作所の自主調査と資料による。

気（ｋＷｈ）」を蓄電しておき、必要な時に使えるように普段から用意しておくべきだと、今から10年以上（２００４年から「蓄電池発売」）も前から、主張していた事業家がおりました。

それは、私の地元福岡の地場産業で、上場企業の㈱正興電機製作所のオーナーの、土屋直知会長です。彼は相当前から「電気」を蓄える技術の開発に、熱心に取り組んでおり、すでに全国各県に家庭用から事業所用まで、目的に従った多くの種類の「蓄電装置」を考案し提供しておりました。販売を始めてから現在までの間に、全国に約４５００台の「蓄電備蓄装置」を納めております。

もちろん、最近では大手から中小まで、多くの「蓄電装置」が造られ販売されておりますが、当初の頃はこの会社の商品しかなく、正に貴重品だったと言えます。

現に、**図17**に示しているように、最近の熊本激甚地震災害の折りは、同社のような「電気」を備蓄する「蓄電装置」があったために、少なくとも一般家庭でも2日間は「電気の光」があって助かったという、被災者の方々からの感謝のメール等があったということです。

何れにしても、こうした災害時の緊急の予防対策としてはもちろん、貴重な「電気（ｋ

Wh)」を有効に活用するためにも、「電気（kWh)」の備蓄は極めて有効な手段であるといえます。

今後は、「家庭用蓄電装置・太陽光発電・EMS（エネルギー、マネジメント、システム)」を組み合せて、戸建て住宅の「電気（kWh)」を纏め、一括して遠隔操作することを手掛けています。これによって、省エネルギーを達成すると同時に、低廉な電気料金にすることが出来るというものです。

（注）「遠隔操作」の内容は、①それぞれの住宅の蓄電容量の自動的な把握　②発電量の送受電自動チェックなどであり、太陽光や風力など不安定な電源を、安定的に維持すると共に、効果的な蓄電対策を効果的に行うために、今後益々重要になってきます。

土屋氏は、「もっと長時間効率よく『電気kWh』を閉じ込めて、備蓄出来る新型電池が欲しい。そうした研究を続けていく。また、ずっと先まで安定的かつ低廉な電気をご家庭で使えるような事業を今後も手掛けたい」と、意欲的に述べておりました。

## 4・「感覚文明化社会」をどう乗り切るか

途方もない競争が、すでに始まっていると考えるべきです。何故なら、この「感覚的社会」ほど、インターネットの利用が全ての情報手段の前提になることは、間違いないからです。

明確な事実を、私たちは前提として知る必要が有ります。

**＊プラットフォーム創りと仕様の決定**

1つは、インターネットは決められた「プラットフォーム」があって初めて、皆が共通に利用出来るという事実です。

このルールを、皆が合意する必要がありますが、残念ながら元々は軍事用に作られていたインターネットの仕組みを民事用に開放した時、今迄こうしたインターネットの活用を支援し、ルールや使用の仕方を行っていた「シリコンバレー集団」のプラットフォームのルールが、当然ながらこれまでも実質的に機能しておりました。

「プラットフォーム」の利用は、当然ながら「利用価値のあるコンテンツ」を、どれだけ保持出来るかに関わっております。残念ながら、インターネットの一般的な利用に拘わった所が、優先権利を持つと思います。今後は、仮に日本発のプラットフォームが持てるのかどうかが焦点になるでしょう。

2つには、「モノ」や「「サービス」のインターネット時代において、世界的に共通の夫々の「仕様」のルールを決めなければ、幾ら立派なコンテンツを創り上げても、利用してもらえないことになります。

## ＊ドイツが「仕様創り（標準化）」へ先行

この「仕様創り」を巡って、日本の「仕様」を認めてもらえるかどうか、一般的にはかなり難しいのではないかと思います。この有力な主人公は、寧ろ「４・０」の発想者でも在る、ドイツのメルケル首相だと言われておりますが、その目的は何かを考えなくてはなりません。

ドイツが「４・０」を主張し出したのは、ネット時代においてこれを利用して、ドイツの産業すなわち「自動車産業」を保護し、同時に、日米に対抗しようという国家戦略が、２０１１年に既に出来上がっていたのです。インダストリアル・プラットフォーム４・０（略称「ＩＰ４・０」）です。

## ＊アメリカがプラットフォームを独占

一方アメリカは、間もなくこれに対抗して、シリコンバレーが中心となり、ＧＥやＩＢＭなどの大企業がバックアップする形で、コンソーシアムを創り上げました。インダストリアル・インターネット・コンソーシアムです。（略称「ＩＣＣ」）

## *欧米の同意と中国

先ほど既にふれたことですが、両社は、その後協議を行い、今年3月「インターネットのアーキテクチャー（構築）」分野で、協力して行くことに合意しております。

一方中国は、ドイツのメルケル首相に呼び掛け、インターネットのシステムでも協調協力して行きたいとの約束を果たしたようです。中国が主導する「ＡＩＩＢ」（アジアインフラ投資銀行）に、ドイツは積極的に参加しました。

## *日本の立場

わが国は、こうした世界の動きを踏まえて、漸くメーカー（日立、東芝、三菱重工）が先行する形で、欧米の動きに強い関心を示しておりましたが、漸く政府（総務省&経済産業省）が主導する方向で、この10月「ドイツを中心とした「ＩＰ４・０」と、アメリカを中心とした「ＩＣＣ」との共同体に参加する合意を交わしました。

しかし、ネットワークの「プラットフォーム」はアメリカに、一方ネット上の「モノ創りの仕様（モジュール）」はドイツに既に支配されており、果たして日本勢がどの程度の「独自の構築」を主張出来るかが、大きな課題です。インターネットのプラットフォームが、グーグル、アップル、ヤフー、フェイスブックなど殆ど全て、シリコンバレー発であるのに、日本人として悔しさが滲みます。

**＊レガシーを守り生き残り作戦**

日本は成熟国家に成長する過程で、「モノ創り大国」と言われて来ましたように、メーカーが中心になってその傘下の中小企業に、素晴らしい「匠の技術・技能」を育てて来ました。その伝統（レガシー）があるからこそ、例えばトヨタをはじめ、わが国自動車産業は、欧米に引け劣らない優位性を保っていると言えます。特に「センサー」や「無線システム」などについては、絶対に守らなければならないノウハウを保持して来ました。

ところが、上述のドイツの戦略とアメリカの追随は、インターネットが全ての取引を左右する時代的変革を創り出そうとしております。正に、私が述べる「感覚的社会」への変化です。その狙いは、ものすごく単純化して述べれば、《レガシーを奪い取るための仕掛け》！と表現しても良いようなことであると言えます。

「標準化」すなわち「モジュール化」するということは、《匠の技術》が、「見える化」されノウハウが奪われることに繋がります。ノウハウを使うのは、飽くまで「人財」ですので、そう簡単には日本の企業が競争に負けることはないでしょう。

**＊グローバルな産業統合や合併が興り、世界企業化していく**

結局は、標準化の動きは世界的な事業の、統合化乃至M＆Aを通じた産業の、世界的な流れを引き起こしていく契機になるでしょう。

この場合、おそらく新たに中国が、正面から挑戦して来るように思われます、既に今年春ごろから、中国のトップはドイツ（メルケル首相）と直に、おそらく本件の話し合いをして来ているように言われております。

**＊わが国の向かう方向は、全産業の「サービス産業化」**

この本の主題の一つとして、私が取り上げて来た「6＆6」の日本人の特殊な能力とは、結局は《匠の技術・技能》を創り出している原点でもあると思います。とすれば、わが国は、従来の日本産業の特色は、「製造事業」という考え方を改革する必要があります。

産業構造を、「観光とサービス」を主体とするものに変えるということは、日本の一次産業である農業から製造業までを、全ていわゆる「6次産業化」することだと言えます。

例えば、農業も如何に「匠の技術」と「IoTやAIを徹底的に導入」して、「日本の食品は高級で旨味（6＆6の感覚を集中したもの）のある、しかも健康食品」だと世界中の人たちに喜ばれるものを、育てることだと言えるのではないでしょうか。

また、自動車も、世界中の人たちの好みや価値観を踏まえた「人にやさしい」、サービスとは何か、「おもてなしの心」を追求することが、自動運転などにおいても求められていくと考えます。

このほか、住宅や家庭の家具や、衣服などのデザインと、色合いのニュアンスというようなものについても、それこそ日本人の６＆６の感覚が「存分に生かされたもの」が、必要な要請かと思います。

**＊「土台（ファンデーション）」となる「電気」を創る産業動向**

あらゆる産業が、標準化の渦の中で」「サービス・観光」を主体とした事業化を指向していくことが、以上述べて来たように間違いない方向だとすれば、土台となる「電気」を製造し輸送し、そして販売する「系統一貫の電力会社」も、その影響を当然受けることになるでしょう。

あくまで、この国の国柄を大切に保持する地域別系統一貫の電力会社も、技術技能とシステムの高度化を踏まえて、現在10の地域に分かれているものを、3～5社ぐらいにこの10年以内には統括する必要があるように思われます。

もちろん、目的はあくまでも「おもてなし」が、一層向上することを目指すものですので、逆に「おもてなし」がそのためにマイナスになるようなら、意味がないように思います。

## むすびに代えて

昭和44年（1969）と言えば、オイルショックの4年前ですが、林雄二郎氏が『情報化社会』という名著を出しました。漸く大型コンピューターを海外から輸入し、情報の迅速な追求が始まろうとしていた時代です。しかし、林氏はこの本の中で「コンピューターが、必ず情報の主体となり、情報化が日本社会の構造を変えていく時代になる」と述べております。それから、約半世紀が経ちました。正にデジタル化された情報の流れが、世の中の構造改革を起こしたことは間違いありません。

そうした中で、相当以前から「情報化社会」の次は何だろうか？　ということが、言われて来ましたが、人々は「《高度》情報化社会」、或は堺屋太一氏のように「知価革命の時代」と称したりしております。しかし、なかなか次の世の中を明確に判別出来るものが見えてこなかったと思われます。

それは、私たちがそれほど長い間、「情報化社会」に深々と浸かっていたということです。何故でしょうか。結論的に言えば、あくまで私たちが受け取る情報が、殆どが最後はリアルに「感覚」されていたからだと思います。

ところが、とうとう私たちがリアルではない世の中を彷徨うようになりました。すなわちバーチャルな、サイバー空間のネット上を四六時中追求しながら、しかもそれを現実の姿そのものと《感覚的に意識》しながら、同じく「感覚」すなわち「センスやフィーリング」で、直感的に物事を判別していく状況が出現したのです。

今回私が、「感覚的社会」という言葉を初めて使ったのは、冒頭に述べましたように、47年前に林氏が生み出した「情報化社会」から、明確に日本人が進化し深化してきたからだと考えたからです。そうした日本文化の進化を反映していると思われるのが「マンガ」「アニメ」です。欧米は勿論ですが、中国をはじめアジア諸国や中東でも、日本の「マンガ」、それに「アニメ」が放映されて大ヒットしているそうです。「マンガ」や「アニメ」の感覚的魅力です。

こうした「マンガ」の影響も当然あると思いますが、同じく感覚的な姿を実感した初めての出来事は、旧知の蒲島郁夫熊本県知事が生み出した、あのゆるキャラ「くまモン」でした。私は、何度か「くまモン博士カバさん（蒲島知事）」の誕生を書くため、熊本まで取材に出掛けました。知事に直接お願いして、一日中見学したこともあります。

びっくりしたのは、やはり幼稚園児や小学生などの、純真な「感覚」的な反応でした。子供たちは、間違いなく「くまモン」の大きな体に、何十人かが悲鳴を上げて一斉に飛び付きました。この状況は、一体何処から生まれたのだろうか！

途惑いましたが、いろいろ考えているうちに、はっと気付いたのは次のことでした。

＊園児たちは、お母さんに抱かれながら、「母親がグーグルやヤフー、更にフェイスブックやツイッターなどで、しょっちゅう見ている、あの愛くるしい『くまモン』……それを、何時もこうしたインターネットというバーチャルな世界で、母親と一緒に覗いていたこと」

＊更に、意味はわからなくても母親たちが、携帯やスマホで、また幼児を連れながら出会う人ごとに「くまモン」という言葉を、楽しそうに使っていたこと。

正に、幼児たちの脳裏に、「くまモン」の知識がいっぱい詰まっていたため、現物を見た途端に懐かしく駆け寄って行ったということでしょう。正に、幼児たちも感覚（センスやフィーリング）で判断している証拠だと思った次第です。

時代は確実に、情報化社会が進化し「感覚的社会」になっていることを、確信した次第です。

もう一つこの本を纏める動機となったのが、これからの「感覚的社会」のシステムを形成する道具のＩｏＴ（モノのインターネント）もＩｏＳ（サービスのインターネット）

も、そして更にＡＩ（人工知能）も、全ては「電気」がないと成り立たないということです。もちろん、私たちは空気と同じように、水・ガス・電気の３つを基本的な公共財として、何時でも絶やさないようにしなければ生きていけない訳です。その中で、特に私は「電気」の役割の大きさに、是非注目して頂きたいと思う次第です。極端に言えば、水もガスも電気がなければ、逆に使えないからです。

その「電気」を、この日本列島という特殊な「地勢」を背景にした国では、生産から消費までを一貫して責任を持って事業してくれる、現在の電力会社の体制を崩すことは、全く意味がないし、プラスになることは何もないということを、是非とも理解して頂きたいと思います。

「半世紀前、情報化社会が誕生しました。進化し、今や感覚的社会になりました。主役は、おもてなし大国の日本人です」

これが、今回私が纏めましたこの本の、一言で述べればその要旨です。

この「結びに代えて」を書こうとしていた時、大変素晴らしい２人の方の話を聞いて、「感覚的社会」を出版する勇気を戴くことが出来ました。

一人は人類学者で、総合研究大学院大学 副理事長の長谷川真理子先生です。「人間は、私・あなた・外界という『三項関係』の文化が創れる、特別大きな《感覚判断が出来る》脳を持ち、『せいのっ！』と共同作業をする《心》を持っている唯一の動物」だと、教えてくれました。（２０１6年10月12日開催の福岡市民大学で）

私はこれを聞いて、日本人は本文で述べたように、長谷川教授が言う「人間」という動物の中でも、《十二分》に6＆6すなわち12の特殊な「感覚」を遺伝的に持つという主張に、自信が一層持てました。

もう一人は、「はしがき」でも取り上げた「日本の歴史と文化をもっと映画を含め、《感覚に訴えるように》メディアが、ネットも総動員して世界に発信すべきだ」と主張する、錦織良成映画監督・脚本家の主張です。（２０１6年10月5日広島で開催の西日本経済団体協議会の講演並びに懇談で）

最後になりましたが、これから世界中でグローバルに活躍される方々も、やはり軸足はこの日本列島という土地を大切にして、そのために各々の役割を果たして行かれることと思います。そうした方々の、お役に立てば筆者の望外の喜びです。

上述の通り、巻末に参考にしました文献を列挙しました。それらをご覧になればおわかりの通り、私は自分の主張や信条と異なる文献も目を通しております。こうした多くの文献がなければこの本は書けなかったと思います。また、さらに、もう二十年以上にも亘って個人的に交流してきている日本経済新聞社の論説主幹・芦川洋一氏や電力・エネルギーはもちろん中東問題の専門家でもある論説委員兼編集委員の松尾博文氏には、大いに議論し本書のとりまとめに大変役立つ示唆をいただいたと思っております。メーカーの皆様を含め電力事業関係の多くの先輩後輩の方々には、種々ご指導をいただきました。各位に、心からの謝辞を述べたいと存じます。

今回も、株式会社財界研究所の村田博文社長と編集委員の畑山崇浩氏に、種々ご指導を戴きました。また、秘書の廣田順子さんには、今回も原稿の整理や連絡などでお世話になりました。併せて、お礼を申しあげます。

平成28年12月吉日

永野　芳宣

【参考文献一覧】

説明に必要上、文中に掲載した文献も幾つかありますが、それ以外は以下に掲げるモノを全て参考にしました。

（注）1：文中に掲げたモノも、再度載せて在ります。

（注）2：掲載は、読者の皆様の参考になるように、分野別に分けておきました。但し、分野をどちらにしてもよいもの（例えば「歴史」と「文化」など）は、筆者の判断で分類しております。

（注）3：掲載順は、全くランダムであり意図はありません。

【歴史・思想】

金谷　治著『中国思想を考える―未来を開く伝統』（中公新書）
ベック著　渡辺昭宏訳『仏教』（上下）（岩波文庫）
橋本年正著『人質になった伊都国の大巫女・卑弥呼』（遊行社）
八尋秀喜著『道中記―卑弥呼の都　邪馬臺国』（風詠社）
渡部雅史著『完全決着！耶馬台国―魏志倭人伝を究極解明』（幻舎社）
髙橋　通著『倭国通史―日本書紀の証言から』（原書房）

南川高志著『新・ローマ帝国衰亡史』（岩波新書）
新渡戸稲造著　奈良本辰也訳『武士道』（三笠書房）
新渡戸稲造著　山本博文訳『武士道』（ちくま新書）
志村史夫著『いま新渡戸稲造「武士道」を読む』（知的いきかた文庫）
和辻哲郎著『日本倫理思想史』（1～3）（岩波文庫）
Erik Brynjolfsson& Andrew Mcafee『The Second Machine Age』（W・W Norton & Company）
Stephen R. Covey『The 7Habits of Highly Effective People』（Free Press）
John Micklethwait & Adrian Wooldridge『The Fourth Revolution』（Penguin UK）
橘木俊詔著『新しい幸福論』（岩波文庫）
水野　学著『センスは知識からはじまる』（朝日新聞出版）
久米一正著『人を束ねる―名古屋グランパスの常勝マネジメント』（幻冬舎新書）
徳富蘇峰著『吉田松陰』（岩波文庫）
コモドール・ペルリ著　土屋喬雄、玉城肇訳『日本遠征記』（1～4）（岩波文庫）
木村尚三郎著『西欧文明の原像』（講談社学術文庫）

ジャック・アタリ著『21世紀の歴史』(作品社)
山崎武也著『一流の条件』(PHP研究所)
G・H・ミード著 魚津郁夫、小柳正弘訳『西洋近代思想史』(上・下)(講談社学術文庫)
半藤一利著『幕末史』(新潮文庫)
福沢諭吉著 斎藤孝訳『学問のすすめ』(ちくま新書)
東京大学史料編纂所編『日本史の森をゆく』(中公新書)
読売新聞昭和時代プロジェクト編『昭和時代』(5冊)(中央公論新社)
ヒルティ著 草間平作訳『幸福論』(岩波文庫)
田代和生著『書き替えられた国書—徳川・朝鮮外交の裏舞台』(中公新著)
宇野精一著『儒教思想』(講談社学術文庫)
竹村牧男著『禅のこころ』(ちくま学芸文庫)
鎌田茂雄著『五輪書』(講談社学術文庫)
伊藤　聡著『神道とは何か—神と仏の日本史』(中公新書)
九鬼周三著『「いき」の構造』(岩波文庫)

【文化・文明・社会】

井上　旭著『フレンチの王道―シェ・イノの流儀』（文春新書）
林　周二著『経営と文化』（中公新書）
伊藤幹治著『宴と日本文化―比較民俗学的アプローチ』（中公新書）
川勝平太著『文明の海洋史観』（中央公論新社）
佐々木健一著『日本的感性―触覚とずらしの構造』（中公新書）
オギュスタン・ベルク著　篠田勝英訳『風土の日本』（筑摩書房）
志賀重昂著『日本風景論』（岩波文庫）
G・B・サンソム著　金井、多田、芳賀、平川共訳『西欧世界と日本』（ちくま文庫）
和辻哲郎著『日本精神史研究』（岩波文庫）
和辻哲郎著『風土―人間学的考察』（岩波文庫）
中村勝己著『近代文化の構造』（講談社学術文庫）
渡辺　靖著『〈文化〉を捉え直す―カルチュラル・セキュリティの発想』（岩波文庫）
藤原正彦著『日本人の誇り』（文春新書）
Erin Meyer『The Culture Map』（public Affairs）
石田恭嗣著『配色イメージミニ帳』（エムディエヌ・コーポレイション）

筒井美希著『なるほどデザイン』（MdN）
A・クリシュナ著 平木、石井、外川共訳『感覚 マーケティング』（有斐閣）
色彩文化研究会著、城 一夫監修『色で巡る日本と世界』（青幻舎）
中野香織著『紳士の名品50』（小学館）
大久保喬樹著『日本文化論の系譜』（中公新書）
兎龍 都著『和食の原点』（アートヴィレッジ）
佐々木仁美著『色の心理学』（枻出版社）
林雄二郎著『情報化社会』（講談社）
ジャン・ガブリエル・コース著 吉田良子訳『色の力』（CCCメディアハウス）
川口マーン惠美著『ヨーロッパから民主主義が消える』（PHP新書）
新渡戸稲造著『西洋の事情と思想』（講談社学術文庫）
佐伯彰一、芳賀 徹編『外国人による日本論の名著—ゴンチャロフからパンゲまで』（中公新書）
原 研哉著『日本のデザイン』（岩波新書）

【政治学】

ジャレド・ダイアモンド著 倉骨 彰訳『銃・病原菌・鉄』（上・下）（草思社文庫）
大下英治著『孫正義秘録』（イースト新書）
蒲島郁夫著『逆境の中にこそ夢がある』（講談社）
廣瀬俊朗著『なんのために勝つのか。 ラグビー日本代表を結束させたリーダーシップ論』（東洋館出版社）
永野芳宣著『くまモン博士カバさん』（財界研究所）
永野芳宣著『蒲島郁夫の思い』（財界研究所）
山内昌之著『中東複合危機から第三次戦争へ イスラームの悲劇』（ＰＨＰ新書）
小林良彰著『政権交代―民主党政権とは何であったのか』（中公新書）
服部龍二著『日中国交正常化―田中角栄、大平正芳、官僚たちの挑戦』（中公新書）
白石 隆、ハウ・カロライン著『中国は東アジアをどう変えるか』（中公新書）
戸部、寺本、野中編著『国家経営の本質』（日本経済新聞出版社）
服部茂幸著『アベノミクスの終焉』（岩波新書）
マックス・ウェーバー著 脇 圭平訳『職業としての政治』（岩波文庫）
マキアヴェリ著 池田 廉訳『君主論』（中公文庫）

安部晋三著『日本の決意』（新潮社）
小黒一正著『財政危機の深層』（NHK出版）

【経済】
宇沢弘文著『経済学の考え方』（岩波新書）
ティモシー・テイラー著　池上彰監訳『経済学入門』（マクロ編、ミクロ編）（かんき出版）
松原隆一郎著『日本経済論』（NHK出版新書）
服部之総著『黒船前後・志士と経済』（岩波文庫）
吉田春樹著『日本の再出発』（財界研究所）
浜　矩子著『中国経済あやうい本質』（集英社新書）
榊原英資・水野和夫共著『資本主義の終焉、その先の世界』（星雲社）
老川慶喜著『日本鉄道史』（中公新書）
森川正之著『サービス立国論』（日本経済新聞出版社）
岩井克人著『経済学の宇宙』（日本経済新聞出版社）

【経営】
岩井克人・小宮山宏共著『会社は社会を変えられる』（プレジデント社）

岩井克人著『会社はだれのものか』（平凡社）
岩井琢磨、牧口松二著 内田和成監修『物語戦略』（日経ＢＰ社）
花崎正晴著『コーポレート・ガバナンス』（岩波新書）
梶井厚志著『戦略的思考の技術―ゲーム理論を実践する』（中公新書）
赤羽雄二著『速さは全てを解決する』（ダイヤモンド社）
岡村衡一郎著『一品で会社を変える』（東洋経済新報社）
ＯＪＴソリューションズ著『トヨタの失敗学』（ＫＡＤＯＫＡＷＡ）
石塚由紀夫著『資生堂インパクト』（日本経済新聞出版）
高城幸司著『やってはいけない！職場の作法』（ちくま新書）
ディー・アイ・コンサルタンツ著『立地の科学』（ダイヤモンド社）
大西 洋著『常に革新を生み続ける三越・伊勢丹の秘密』（海竜社）
安部修仁、伊藤元重共著『吉野家で経済入門』（日本経済新聞出版）
篠原健一著『アメリカ自動車産業』（中公新書）
山口栄一著『イノベーションはなぜ途絶えたか』（ちくま新書）

【環境・エネルギー】
リチャード・ムラー著『エネルギー問題入門』（楽工社）
中西準子著『水の環境戦略』（岩波新書）
柴田明夫著『水で世界を制する日本』（ＰＨＰ研究所）
南部、合田、土屋、永野共著『クリーンエネルギー国家の戦略的構築』（財界研究所）
小澤祥司著『エネルギーを選びなおす』（岩波新書）
大野輝之著『自治体のエネルギー戦略―アメリカと東京』（岩波新書）
【電力】
永野芳宣著『脱原発は日本国家の打ち壊し』（財界研究所）
永野芳宣著『日本を滅ぼすとんでもない電力自由化』（エネルギーフォーラム社）
有馬哲夫著『原発・正力・ＣＩＡ』（新潮新書）
本間宇瑠男著『電力思想の解体と再生』（エネルギーフォーラム社）
富樫浩司著『経営者のための電力マネジメント入門』（幻冬舎）
公益事業学会学術研究会、他監修『まるわかり電力システム改革』（日本電気協会）
マシュー・ファーマン著 藤井留美訳『原子力支援』（太田出版）

甲斐隆章、藤本敏朗共著『太陽光、風力発電と系統連系技術』（オーム社）
永野芳宣著『きれいな地球にする覚悟』（財界研究所）
産経新聞九州総局著『脱原発が地方を滅ぼす』（産経新聞出版）
永野芳宣著『過信―踊る電流列島の危機』（財界研究所）
伊藤剛編『進化する電力システム』（東洋経済新報社）
田口理穂著『市民がつくった電力会社』（大月書店）
安西　巧著『さらば国策産業』（日本経済新聞社出版）
八田達夫著『電力システム改革をどう進めるか』（日本経済新聞社出版）
古賀茂明著『原発の倫理学』（講談社）
恩田勝亘著『福島原子力帝国』（七つ森書館）

【宇宙】

青野由利著『宇宙はこう考えられている』（ちくまプリマー新書）
リチャード・フォーティ著『地球46億年全史』（草思社）
野本陽代著『太陽系大紀行』（岩波新書）

【情報・通信・統計】
川上量生著『鈴木さんにも分かるネットの未来』（岩波新書）
尾木蔵人著『インダストリー4・0―第4次産業革命の全貌』（東洋経済新報社）
塩野　誠、松尾　豊共著『人工知能って、そんなことまでできるんですか？』（KADOKAWA）
ケヴィン・ケリー著　服部　桂訳『〈インターネット〉の次に来るもの』（NHK出版）
桑津浩太郎著『2030年のIoT』（東洋経済新報社）
柏木孝夫著『スマート革命』（日経BP社）
楠　真著『Fin　Tech　2・0』（中央経済社）
西垣　通著『ビッグデータと人工知能―可能性の罠を見極める』（中公新書）
ジェイムズ・バラット著　水谷　淳訳『人工知能―人類最悪にして最後の発明』（ダイヤモンド社）
【ローカル】
宮脇　淳著『創造的政策としての地方分権』（岩波書店）
増田寛也著『東京消滅―介護破綻と地方移住』（中公新書）

小宮山宏著『多様なナンバーワン作り―プラチナ社会への筋道』（財界研究所）
矢作　弘著『縮小都市の挑戦』（岩波新書）
岩佐十良著『里山を創生する「デザイン的思考」』（KADOKAWA）
山崎幹根著『「領域」をめぐる分権と統合―スコットランドから考える』（岩波書店）
根本祐二著『「豊かな地域」はどこがちがうのか―地域間競争の時代』（ちくま新書）
山根裕子、高橋大祐著『土地資源をめぐる紛争』（日本評論社）
小宮山宏著『日本再創造―プラチナ社会の実現に向けて』（東洋経済新報社）

【その他】
山口　周著『外資系コンサルのスライド作成術』（東洋経済新報社）
鶴間和幸著『人間・始皇帝』（岩波新書）
入江曜子著『古代東アジアの女帝』（岩波新書）
W・リップマン著　掛川トミ子訳『世論』（上・下）（岩波文庫）
宮下規久朗著『ヴェネツィア―美の都一千年』（岩波新書）
小田真規子、大野正人共著『一日がしあわせになる朝ごはん』（文響社）

以上

【著者紹介】
**永野芳宣**（ながの・よしのぶ）〔久留米大学特命教授〕
1931年生まれ。福岡県久留米市出身、横浜市立大学商学部卒業、東京電力常任監査役、特別顧問、日本エネルギー経済研究所研究顧問、政策科学研究所長・副理事長、九州電力エグゼクティブアドバイザー、立山科学グループ特別顧問、福岡大学研究推進部客員教授などを経て現在、久留米大学特命教授。イワキ（株）特別顧問、（株）正興電機製作所顧問、ジット（株）顧問、TM研究会事務局長などを務める。
■主な著者
『小泉純一郎と原敬』（中公新書）、『外圧に抗した男』（角川書店）、『小説・古河市兵衛』（中央公論新社）、『「明徳」経営論 社長のリーダーシップと倫理学』（同）、『物語ジョサイア・コンドル』（同）、『日本型グループ経営』（ダイヤモンド社）、『日本の著名的無名人Ⅰ～Ⅴ』（財界研究所）、『蒲島郁夫の思い』（同）、『3・11《なゐ》にめげず』（同）、『クリーンエネルギー国家の戦略的構築』（同、南部鶴彦、合田忠弘、土屋直知との共著）、『ミニ株式会社が日本を変える』（産経新聞出版）、『発送電分離は日本国家の心臓破壊』（財界研究所）、『くまモン博士、カバさん―蒲島郁夫、華の半生―』（同）、『日本を滅ぼすとんでもない電力自由化』（エネルギーフォーラム）、『過信―踊る電流列島の危機《最後の作戦開始》』（財界研究所）、『きれいな地球にする覚悟』（同）ほか、論文多数。

# 『感覚文明』の始まり

2017年1月21日　第1版第1刷発行

著者　永野芳宣

発行者　村田博文

発行所　株式会社財界研究所

［住所］〒100-0014　東京都千代田区永田町2-14-3東急不動産赤坂ビル11階
［電話］03-3581-6771
［ファックス］03-3581-6777
［URL］http://www.zaikai.jp/

印刷・製本　凸版印刷株式会社

© Yoshinobu Nagano. 2017, Printed in Japan
乱丁・落丁は送料小社負担でお取り替えいたします。
ISBN 978-4-87932-119-0
定価はカバーに印刷してあります。